큰별쌤 최태성의
한국사 신문

1 선사~통일 신라와 발해

기획·글 **최태성**
글 **김우람**
그림 **송진욱**

아이스크림북스

머리말

한국사를 신문으로 보면 역사의 문이 활짝 열립니다!

안녕하세요, 큰★별쌤 최태성입니다.

저는 오래전부터 이런 생각을 해 왔습니다.

'어린이들이 역사를 좀 더 재밌고, 의미 있게 만날 수는 없을까?'

역사는 단순히 오래된 과거 이야기가 아닙니다. 지금의 나 그리고 우리가 살아가는 세상을 더 깊이 이해하게 해 주는 살아 있는 이야기입니다.

그래서 이번엔 아주 특별한 방식으로 여러분과 역사를 만나고 싶었습니다.

바로 신문입니다!

『큰별쌤 최태성의 한국사신문』은 이름처럼 신문 기사 형식으로 한국사를 풀어 낸 책이에요.

역사 속 주요 사건과 인물을 기자가 되어 직접 취재한 듯 생생하게 담았어요.

마치 오늘 벌어진 일처럼 기사로 정리하고, 역사 속 인물을 인터뷰하고, 광고도 실어 보고, 큰별쌤의 생각을 전하는 칼럼도 함께 담았습니다.

이 책을 펼치면 여러분은 저와 함께 타임머신을 타고 구석기 시대부터 이어져 내려오는 시간 여행을 떠나게 될 거예요.

기사를 읽듯 술술 읽히면서도, 머릿속에는 그 시대의 모습이 그려지고, '왜 이런 일이 일어났을까?', '나는 어떻게 생각하지?'라는 질문이 떠오를 거예요.

이렇게 질문을 던지는 순간, 여러분은 이미 역사를 '공부'하는 것이 아니라 '이해'하고 '생각'하는 멋진 역사 탐험가가 된 거랍니다.

역사는 그냥 외우는 과목이 아니에요. 역사 공부를 통해 우리는 세상을 바라보는 눈과 생각하는 힘을 기를 수 있어요. 그 힘은 여러분이 앞으로 살아가며 만나게 될 세상 속 수많은 선택의 순간에 분명히 도움이 될 거예요.

『큰별쌤 최태성의 한국사신문』 시리즈는 선사 시대부터 근현대까지 한국사의 흐름을 꿰뚫는 여정을 담고 있어요. 이번에 첫 번째 책인 '① 선사~통일 신라와 발해'편이 출간되는 것을 시작으로, 앞으로 계속 새로운 한국사신문이 여러분을 찾아갈 거예요. 신문을 읽듯 가볍게 시작하되, 그 안에서 많은 질문을 던지며 나만의 생각을 쌓아 보세요.

이 책이 여러분에게 역사의 문을 여는 열쇠가 되길 바랍니다. 그리고 그 문 너머에서 과거와 현재를 잇는, 미래로 향하는 멋진 여행을 함께 떠나 보아요.

그럼, 큰★별쌤과 함께 출발해 볼까요?

2025년 6월

큰★별쌤 최태성

창간호를 소개합니다!

① 큰★별 기자, 한국사신문을 창간하다!

> "역사를 바라보는 올바른 눈을 키우고
> 새로운 가치를 읽어 내는 새로운 한국사신문"

중요한 역사적 사건과 인물을 신문 기사에 담았습니다.
큰별 기자가 당대와 현재를 오가며
한국사를 더욱 생생하고 풍성하게 전달합니다.

큰별 기자가 역사에서 주요한 사건과 인물, 의의를 담백하게 전합니다.

보도하는 큰별 기자

역사는 과거와 현재의 끊임없는 대화죠. 큰별 기자가 당대의 인물을 직접 만나 봅니다.

인터뷰하는 큰별 기자

큰별 기자가 역사를 아우르는 통찰력으로 과거를 해석하고, 오늘을 살아가는 우리에게 역사 속 메시지를 되새기게 합니다.

해석하는 큰별 평론가

② 이렇게 읽으면 학습 효과가 두 배, 재미는 무한대

기사 제목으로 사건 상상하기
역사적 사실을 한 문장으로 압축했어요. 제목만 읽어도 한국사의 큰 흐름을 파악할 수 있어요.

재치 있는 삽화
그림만으로도 기사 내용이 머리에 쏙쏙 들어와요.

기사로 알찬 역사 지식이 쏙쏙!
꼭 알아야 할 역사 속 이야기를 기사 형식으로 풀어 냈어요. 마치 엊그제 일어난 일처럼 즐길 수 있어요.

소제목으로 주요 내용 짚기
기사마다 중요한 내용을 부제로 만들어 핵심 내용을 파악하기 쉬워요.

풍부한 자료 사진
당대를 생생하게 느낄 수 있는 사진이 가득해요.

일러두기
1. 역사적 사실을 고증하거나 평가할 때는 교과서를 기준으로 삼았습니다.
2. 사실에 기초하여 기사를 집필하였으나, 신문의 형식에 맞추고 어린이들이 이해하기 쉽도록 사실 범위에서 가공한 부분도 있습니다.
3. 용어나 지명은 가능한 한 해당 시기의 명칭을 사용하는 것을 원칙으로 하였으나, 확인할 수 없는 경우에는 현재의 명칭을 그대로 썼습니다.
4. 역사상 인물의 모습은 초상화나 인물화를 기초로 삼았으나, 자료가 남아 있지 않은 경우에는 임의로 그렸습니다.
5. 역대 국왕의 명칭은 원래 사후에 정해지지만 편의상 당대에도 쓰인 것처럼 표기하였습니다.

❸ 이렇게 구성되었어요

1면 헤드라인

각 호별로 기사, 인터뷰, 칼럼으로 구성되어 있습니다. 헤드라인에서는 각 신문에서 다루는 핵심 사건과 기사 제목을 소개합니다.

큰별 기사

해당 주요 사건을 육하원칙에 따라 다뤘습니다. 그리고 핵심 내용을 쉽게 파악하도록 색으로 표시했습니다.

큰별 광고

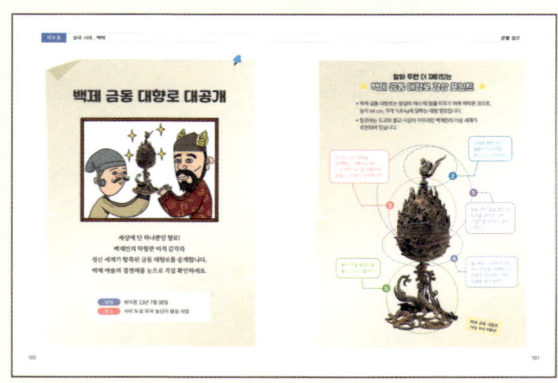

당시 상황을 풍자적으로 담아낸 광고입니다. 시대상과 문화를 유쾌하게 표현해 역사적 상상력을 자극하고, 배경지식까지 함께 제공합니다.

큰별 인터뷰

큰별 칼럼

큰별 기자가 역사 속 인물을 직접 만나 이야기를
들어 보는 상상 인터뷰입니다. 인물의 생각과 감정을
느껴 볼 수 있습니다.

큰별 기자가 직접 들려주는 해설 코너입니다.
역사적 의미와 배경, 오늘날과의 연결점을 쉽고
깊이 있게 전합니다. 칼럼을 읽고 나만의 견해를
생각해 볼 수 있습니다.

연표 부록

책 속 주요 사건이 전체 역사
흐름에서 어떤 위치인지 맥락을
파악하며 내용을 정리합니다.

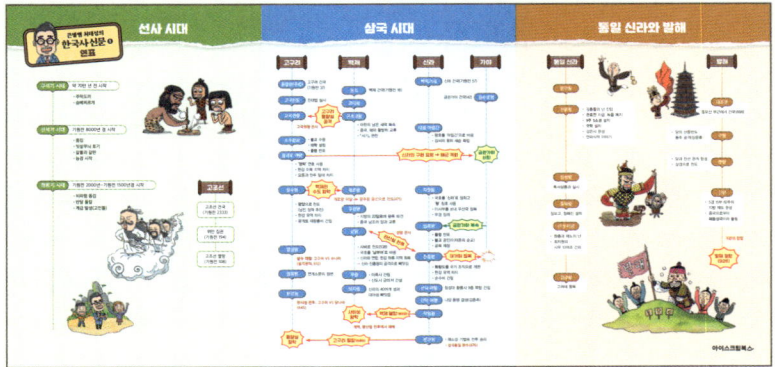

차 례

머리말

창간호를 소개합니다

제1호 | 선사 시대 | 만주와 한반도에서 선사 문화가 피어나다 · 13

1. 기사 — 불 사용! 인류 생활 바꿀까? … 14
2. 인터뷰 — 구석기인을 만나다! 주먹도끼의 비밀 … 16
3. 기사 — 신석기인, 마침내 농사 성공! … 18
4. 기사 — 고인돌 제작 열풍, 지배층 무덤으로 전국적 유행 … 20
5. 칼럼 — 평등했던 씨족 사회에서 우리가 배워야 할 것은? … 22

제2호 | 고조선 | 우리 역사 최초의 국가, 고조선이 세워지다 · 25

1. 기사 — 단군왕검, 고조선 건국! … 26
2. 인터뷰 — 단군왕검은 어떤 고조선을 꿈꾸었나? … 28
3. 기사 — 위만, 고조선의 왕이 되다! … 30
4. 칼럼 — 우리는 하늘의 선택을 받은 민족이다! … 32

제3호 | 삼국 시대_고구려 | 고구려, 나라를 세우고 체제를 정비하다 · 35

1. 기사 — 주몽, 고구려를 건국하다! … 36
2. 인터뷰 — 유리왕이 주몽의 아들로 인정받은 이유는? … 38
3. 기사 — 고국천왕, 가난한 백성 위해 '진대법' 실시 … 40
4. 칼럼 — 우씨왕후, 자신의 운명을 선택하다 … 42

제4호 | 삼국 시대_고구려 | 고구려, 시련을 이기고 새로운 질서를 세우다 · 45

1. 기사 — 고국원왕 전사, 평양성 전투 참패 … 46
2. 인터뷰 — 소수림왕의 고구려 위기 극복 프로젝트 … 48
3. 칼럼 — '혁신'에는 반드시 고통이 따른다! … 50

제 5 호　삼국 시대_고구려 | 광개토 태왕과 장수왕, 고구려의 황금기를 이끌다 · 53

1. 기사　광개토 태왕, 신라에 침입한 왜 격퇴! … 54
2. 기사　고구려 평양 천도, 남진 정책 본격화 … 56
3. 인터뷰　고구려 황금기를 이끈 부자를 만나다! … 58
4. 광고　〈고구려 고분 벽화〉전 … 60

제 6 호　삼국 시대_고구려 | 고구려, 수와 당의 침입을 물리치다 · 62

1. 기사　을지문덕, 살수대첩 대승 거둬 … 63
2. 칼럼　을지문덕 장군의 '붓', 전술과 전략의 승리 … 65
3. 기사　안시성 전투, 한마음으로 이룬 승리 … 68
4. 인터뷰　연개소문은 영웅인가, 독재자인가? … 70
5. 기사　나당 연합에 평양성 무너져, 고구려 멸망의 길로 … 72
6. 칼럼　강대국 고구려는 왜 삼국을 통일하지 못했을까? … 74

제 7 호　삼국 시대_백제 | 한강 유역에서 백제가 성장하다 · 77

1. 기사　주몽의 아들 온조, 십제 건국 … 78
2. 인터뷰　고구려·백제 건국의 숨은 주역, 소서노를 만나다 … 80
3. 기사　'백제의 자부심' 근초고왕 서거 … 82
4. 칼럼　'검이불루 화이불치'의 의미를 되새기다 … 84

제 8 호　삼국 시대_백제 | 무령왕, 백제를 다시 일으키다 · 87

1. 기사　무령왕, 22담로에 왕족 파견 … 88
2. 인터뷰　동성왕이 신라 왕족과 결혼한 까닭은? … 90
3. 칼럼　무령왕릉은 도굴되었다? 실수에서 얻는 교훈 … 92

제 9 호   삼국 시대_백제 | 성왕과 무왕, 강한 백제를 꿈꾸다 · 95

1. 기사   성왕 사비 천도, '백제 시즌 2' 선언 … 96
2. 인터뷰   신라에 뒤통수 맞은 성왕의 심경 고백 … 98
3. 광고   백제 금동 대향로 대공개 … 100
4. 기사   무왕, 초대형 사찰 미륵사 창건! 금마저 신도시 건설 시동 … 102
5. 칼럼   「서동요」는 가짜 뉴스인가? 서동의 전략인가? … 104

제 10 호   삼국 시대_백제 | 백제, 멸망의 길을 걷다 · 107

1. 기사   의자왕 지지율 급락, 국정 소홀로 민심 외면 … 108
2. 인터뷰   황산벌 전투를 앞둔 계백을 만나다 … 110
3. 기사   백제 678년 역사에 마침표. 의자왕, 나당 연합군에 항복 … 112
4. 칼럼   의자왕과 삼천궁녀의 진실 … 114

제 11 호   삼국 시대_신라 | 6개 촌락이 연합해 사로국이 탄생하다 · 117

1. 기사   박혁거세, 사로국 초대 거서간 등극! … 118
2. 인터뷰   박혁거세·석탈해·김알지, 신라 시조 3명을 만나다 … 120

제 12 호   삼국 시대_신라 | 지증왕과 법흥왕, 신라의 기틀을 세우다 · 122

1. 기사   지증왕, '신라'로 국호 공식 확정! … 123
2. 기사   이제 소로 밭 가세요~ 지증왕 우경 장려 … 125
3. 인터뷰   이사부에게 듣는다, 우산국 정벌 미션 … 127
4. 칼럼   독도는 우리 땅! … 129
5. 기사   법흥왕의 율령 반포! 법과 제도로 통치 선언 … 132
6. 칼럼   희생 없는 개혁은 없다 … 134

제 13 호 　삼국 시대_신라 | 진흥왕, 삼국 통일의 기반을 마련하다 · 137

1. 기사　신라, 나제 동맹 깨고 한강 유역 장악 … 138
2. 인터뷰　국선 설원랑에게 듣는 '화랑'의 모든 것 … 140
3. 기사　진흥왕, 순수비 세워 왕권과 국력 과시 … 142
4. 칼럼　외교에서는 영원한 적도, 동맹도 없다 … 144

제 14 호 　삼국 시대_신라 | 선덕여왕, 삼국 통일의 미래를 그리다 · 147

1. 기사　신라 최초 여성 군주 탄생, 선덕여왕 즉위 … 148
2. 인터뷰　선덕여왕에게 듣는 국정 운영 비전 … 150
3. 기사　첨성대 완공, "별 보러 가지 않을래?" … 152
4. 칼럼　선덕여왕, 편견에 맞서 능력을 증명하다 … 154

제 15 호 　삼국 시대_가야 | 가야 연맹, 철기 문화를 발전시키다 · 157

1. 기사　금관가야, 철 수출로 경제 성장 가속화 … 158
2. 인터뷰　가야가 철의 왕국으로 불리게 된 비결은? … 160
3. 기사　대가야, 가야 연맹의 중심으로 지각 변동! … 162
4. 칼럼　철의 왕국 가야, 삼국과 함께한 우리의 역사 … 164

제 16 호 　통일 신라 | 신라, 삼국 통일의 주인공이 되다 · 167

1. 기사　신라 최초의 진골 출신 왕 탄생! … 168
2. 인터뷰　'킹메이커' 김유신을 만나다 … 170
3. 기사　신라, 마침내 삼국 통일 … 172
4. 인터뷰　신라 백성들에게 듣는 삼국 통일의 의미 … 174
5. 칼럼　끝날 때까지 끝난 게 아니다 … 176

제 17 호 · 통일 신라 | 신라, 번영을 이루다 · 179

1. 기사 — 만파식적, 과연 신라에 태평성대 가져다줄까? … 180
2. 기사 — 신문왕 대대적 개혁 단행, 왕권 강화 선언 … 182
3. 인터뷰 — 불교 대중화의 주인공, 원효를 만나다 … 184
4. 기사 — 불국사 완공, 통일 이후 신라 문화의 절정 맞이해 … 186
5. 칼럼 — 신라의 번영, 평화에서 시작되다 … 188

제 18 호 · 통일 신라 | 신라 천년 역사가 저물다 · 191

1. 기사 — 혜공왕 피살, 신라 왕권 위기 … 192
2. 인터뷰 — 긴급 진단! 신라, 이대로 괜찮은가? … 194
3. 기사 — 평민 출신 장보고, 해상왕 등극 … 196
4. 칼럼 — 신라 천년 역사를 통해 배우는 겸손의 가치 … 198

제 19 호 · 발해 | 발해! 해동성국을 이루다 · 201

1. 기사 — 고구려의 후예 대조영, 발해 건국! … 202
2. 인터뷰 — 발해 지배층이 밝히는 발해의 뿌리 … 204
3. 기사 — 발해, 동북아시아 강국으로 우뚝! … 206
4. 칼럼 — 발해 멸망의 진짜 이유 … 208

큰별쌤 최태성의 한국사신문

선사 시대

제 **1** 호

만주와 한반도에서 선사 문화가 피어나다

◆ 불의 사용, 주먹도끼 (구석기 시대) ◆ 농경 시작 (신석기 시대) ◆ 고인돌 제작 (청동기 시대)

1. 불 사용! 인류 생활 바꿀까?
2.〈큰별 인터뷰〉구석기인을 만나다! 주먹도끼의 비밀
3. 신석기인, 마침내 농사 성공!
4. 고인돌 제작 열풍, 지배층 무덤으로 전국적 유행
5.〈큰별 칼럼〉평등했던 씨족 사회에서 우리가 배워야 할 것은?

제1호 선사 시대

불 사용!
인류 생활 바꿀까?

직접 불 피우기 꿀팁 널리 퍼져

 최근 구석기인들 사이에서 불을 피우는 방법이 알음알음 공유되면서 큰 화제가 되고 있다. 번개나 화산 활동을 통해 불을 처음 접한 구석기인들에게 불은 두려움의 대상이었다. 하지만 불 옆에 있으면 밝고 따뜻하다는 것과 사냥한 고기를 불에 익혀 먹으면 소화가 잘되고 더 맛있다는 것 등, 구석기인들은 점차 불의 유용함을 깨닫게 되었다. **이후 구석기인들은 자연적으로 발생한 불을 꺼지지 않게 보관하는 방법, 불을**

스스로 얻고 저장할 수 있는 다양한 방법을 터득하게 된 것으로 보인다.

처음에는 **돌과 돌을 부딪쳐서 불꽃을 발생시키는 방법**을 주로 사용했는데, 최근에는 다양한 방법으로 불을 만들고 있다. 특히 나뭇가지를 비벼서 불을 피울 수 있다는 소식이 전해지면서 해당 방법을 알려 주는 강좌가 큰 인기를 얻고 있다. 강좌 수강생에 따르면, 나무판에 곧은 나뭇가지를 대고 강하게 비비면 연기가 피어오르기 시작하는데, 이때 바싹 마른 나뭇잎을 올려놓고 조심스럽게 바람을 불면 작은 불씨를 얻을 수 있다고 한다.

구석기인 생활 방식에 큰 변화 있을 듯

이 소식을 접한 구석기인들의 반응은 제각각이다. 한 구석기인은 자신의 두 눈으로 직접 보기 전에는 도저히 믿지 못하겠다는 반응을 보였다. 또 다른 구석기인은 "예전에는 불을 무서워하는 사람이 많았지만 요즘에는 분위기가 달라졌다."라고 전했다. 그러면서 "내 주변에도 불 피우는 방법을 배우고 싶다는 사람이 많다."라고 전했다.

전문가들은 **"모든 사람이 불을 만들어서 쓸 수 있는 능력을 갖추게 된다면 인류 사회에 큰 변화가 있을 것으로 예상된다."**라고 기대감을 내비쳤다.

★ 큰별 단신

불 피우기 '꿀팁' 강좌
"야, 이제 너도 불 피울 수 있어!"

아무리 해도 불을 못 피우겠다는 구석기인들 여기 모여라! 우리 아이에게 매일 익힌 고기를 먹이고, 따뜻한 밤을 보낼 수 있는 방법을 공개합니다.

장소	큰바위 산자락 감나무골 옆 세 번째 동굴
일시	해 떨어질 무렵
준비물	바싹 마른 나뭇가지와 나뭇잎(현장 제공 가능)
참가비	산딸기 한 줌

| 제 1 호 | 선사 시대 |

구석기인을 만나다! 주먹도끼의 비밀

오늘은 한탄강 유역에 나와 있습니다. 30만 년 전에 한탄강 유역에 살았던 구석기인을 모시고 주먹도끼에 대한 이야기를 들어 보겠습니다.

큰별: **안녕하세요. 먼저 즐겨 사용하시는 뗀석기 종류를 소개해 주시겠어요?**

구석기인: 허허. 별걸 다 궁금해하는구먼! 뗀석기의 한 종류인 찍개는 나무를 다듬거나 사냥할 때 사용하는 도구라네. 긁개로는 짐승의 가죽을 벗기고 손질하지. 요즘 제일 잘나가는 뗀석기는 주먹도끼야. 이거로는 찢고, 자르고, 찍고, 파는 등 모든 걸 한다네.

큰별 인터뷰

 요즘 주먹도끼를 많이들 사용하나 봐요. 선생님께서도 직접 주먹도끼를 사용한 적이 있으신가요?

 말해 뭐 해. 오늘 아침에도 주먹도끼로 멧돼지 한 마리 사냥하고 왔는걸. 이것만 있으면 다 할 수 있다네. 우리 아내도 칡뿌리 캐는 데 이것만 한 게 없다고 좋아하더군.

 선생님께서 주먹도끼를 어떻게 만드시는지 자세하게 알려 주실 수 있을까요?

 주먹도끼를 만들기 위해서는 정교한 설계가 필요하다네. 우선 돌의 가장자리를 다른 돌로 쳐서 조각을 떼어 낸 다음, 동물의 뼈나 뿔로 날카롭게 다듬으면 완성되지. 한 손으로 쥐기 편하면서도 다양한 기능을 할 수 있게 만드는 일은 쉽지 않다네.

주먹도끼는 생존을 위해 최선을 다했던 구석기인의 고민이 담겨 있는 도구였다는 생각이 드네요. 여기까지 큰별 기자였습니다.

주먹도끼에 이은 또 하나의 히트 상품

슴베찌르개

주먹도끼에 이어 슴베찌르개가 젊은 구석기인 사이에서 '필수템'으로 떠올랐다. **슴베찌르개는 동물을 먼 거리에서 사냥할 수 있는 도구인데, 석기의 아랫부분을 뾰족하게 다듬어 나무 등과 엮어 만들었다.** 석장리의 한 구석기인은 "자루에 끼워 창으로 사용하니 아주 편리하다."라며 슴베찌르개에 만족감을 표시했다.

슴베찌르개
(충청북도 단양시 출토)

제1호　선사 시대

신석기인
마침내 농사 성공!

정착 생활 과정에서 우연히 농사법 터득

　한강 유역의 한 마을에서 농사를 짓는 데 성공했다는 소식이다. 먹을 것을 찾아 이동 생활을 하던 구석기인들과는 달리, 신석기인들은 강가나 바닷가에서 정착 생활을 하고 있다. 마을 주민들은 우연히 곡식의 낱알이 떨어진 자리에서 몇 달 뒤 똑같은 식물이 자란다는 사실을 알게 되었다. 이에 직접 농사를 시도하게 된 것이다. 이번 재배에 성공한 작물은 조, 피, 수수 등으로 알려졌다.

큰별 기사

첫 수확에 직접 참여했다는 한 신석기인은 "여러 차례 시행착오 끝에 땅에 심은 낟알의 몇 배가 되는 곡식을 수확하게 되었다."라고 말하며 감격스러워했다.

이를 계기로 많은 신석기인이 '농사'라는 새로운 식량 조달 방식에 관심을 갖게 되었다. 농사 성공 소식을 듣고 찾아온 한 신석기인은 "아직 수확량이 많지 않아 농사만으로는 온 가족이 배불리 먹을 수 있을 정도로 충분한 식량을 얻기 어렵다."라면서도 "앞으로 농사 기술이 발달한다면 사냥을 나가거나 열매를 찾아 다니지 않아도 될 것"이라고 기대감을 내비쳤다.

농사 짓기 성공 그 이후

본격적인 농경 생활이 시작되면서 수확한 곡식을 저장하기 위한 그릇 사용이 늘고 있다. 최근 가장 널리 사용되는 그릇은 빗살무늬 토기이다. **빗살무늬 토기는 흙을 빚어 그릇 모양을 만든 뒤, 표면에 빗살무늬를 새기고 불에 구워 만드는 것으로 알려졌다.**

한 토기 제작 전문가는 "강가나 바닷가의 모래 바닥에 편하게 꽂을 수 있도록 토기의 바닥을 뾰족하게 만들었다."라고 설명했다.

한편 정착 생활이 시작되며 등장한 '움집'이 신석기인의 대표적인 주거 형태로 자리 잡고 있다. **움집은 땅을 1미터 정도 파고, 그 위에 갈대, 풀 등으로 지붕을 덮어 반지하 형태로 지은 집이다.** 보통 움집에서는 4~5명 가족이 함께 생활하는 것으로 알려졌다.

빗살무늬 토기
(서울특별시 암사동 출토)

제1호 선사 시대

고인돌 제작 열풍
지배층 무덤으로 전국적 유행

고인돌, 지배자의 권력 과시 수단으로

최근 한반도 일대에서는 **지배자의 무덤으로 고인돌을 제작하는 것이 유행처럼 번지고 있다.** 최근 강화도 부근리에서도 거대한 고인돌이 세워졌는데, 무려 500여 명이 동원되었다고 한다. 이렇게 큰 무덤을 만들 수 있는 사람은 오직 강한 권력과 경제력을 가진 부족장뿐이다. 청동기 시대로 접어들며 농사 기술이 발달하자 먹고 남는 농작물이 생겨나게 되었다. 이를 차지하기 위한 싸움에서 이긴 사람은 지배자가 되어 부족 사람들을 다스렸다. 이후 **부족장은 다른 부족과의 전쟁을 통해 더욱 세력을 키웠다.** 한반도의 부족장들은 자신의 권력을 더욱 과시하기 위해 많은 인원을 동원하여 너도 나도 고인돌 제작에 열을 올리고 있는 것으로 알려졌다.

고인돌은 청동기 시대의 계급 사회를 상징

'고인돌'은 '괸돌'이라는 뜻으로, 돌이 쓰러지지 않도록 다른 돌로 괴어 놓았다는 의미를 담고 있다. 전문가에 따르면 고인돌 만들기는 크게 돌을 '찾고 나르고 만드는' 과정을 거친다. 우선 쓸 만한 돌을 찾고 원하는 장소까지 나른다. 그런 뒤 땅을 파서 돌 두 개를 세운다. 두 개의 돌 끝까지 흙을 쌓아 올려 작은 흙더미를 만들면 경사가 생기는데, 이 경사를 이용해 뚜껑이 될 돌을 맨꼭대기로 밀어 올린다. 그러고 나서 흙더미를 치우고, 돌 사이 공간에 시신과 청동검, 돌화살촉, 토기, 장신구를 넣으면 완성된다.

고인돌을 만드는 데 동원된 부족민은 "돌을 나르거나 올리는 과정에서 부족민이 다치고 죽는 사고가 발생하기도 했다."라며 "계급 사회이니 고생스럽더라도 위대한 족장님을 위해서는 참여해야 한다."라고 말했다.

한편 지배자들은 고인돌뿐만 아니라 청동기를 통해서도 자신의 힘을 드러내고 있는 것으로 알려졌다. **청동기는 재료가 귀하고 만들기도 어려워 강력함 힘을 가진 지배자들만 차지할 수 있다.** 특히 청동검과 같은 강력한 무기는 지배자의 권력 유지에 중요한 수단이 되고 있다.

청동기 특별 컬렉션 전시

이 시대 최고의 청동기 장인이 만든 특별 컬렉션이 공개되었다. 이번 컬렉션은 부족장이 고인돌 완성을 기념하여 일반인에게 특별히 공개하는 전시이다. 이번에 전시되는 청동기에는 비파형 동검, 청동 거울, 청동 방울 등이 있는데, 햇빛에 반사되면 더욱 빛나 신비로움을 자아내는 것으로 알려져 있다.

제1호   선사 시대

평등했던 씨족 사회에서 우리가 배워야 할 것은?

먹을 것을 구하기 어려울수록 콩 한 쪽도 나눠 먹어

"인류의 역사는 함께 힘을 모으는 것에서 시작되었다"

모든 사람이 *평등한 세상이 된 건 오래되지 않았어요. 불과 130여 년 전까지만 해도 사람들은 불평등이 너무나도 당연한 세상에서 살고 있었답니다. 신분제가 무너지고 모든 사람이 평등하게 된 건 수많은 사람의 노력과 희생 덕분이었어요. 여기서 궁금증이 하나 생깁니다. 130여 년 전까지도 존재했던 신분제는 대체 언제 생겨난 것일까요?

신분이 생겨난 것은 청동기 시대부터입니다. **구석기와 신석기 시대까지는 평등 사회였답니다. 지배하는 사람과 지배받는 사람이 구분되지 않았고, 많이 가진 사람과 적게 가진 사람으로 나뉘지도 않았죠.** 물론 좀 더 정확하게 말하자면 '배고픈 평등 사회'라고나 할까요.

배고픈 평등 사회가 대체 무슨 말이냐고요? 구석기 시대와 신석기 시대는 먹을 게 턱없이 부족한 시기였어요. 사냥과 *채집만으로는 식량을 충분히 마련하기 어려웠거든요. 농사에 성공한 뒤에도 넉넉한 수확을 기대할 수 없었어요.

'배고픈 시기였으니 오히려 더 많이 다투지 않았을까?'라고 생각할 수도 있어요. 하지만 내가 살려면 내 옆에 있는 사람도 살아야 했어요. 혼자보다는 함께 살아남아야 오래 살아남을 가능성이 높았거든요. 여럿이 힘을 합쳐야만 사냥에서 성공할 수 있었고, 사나운 맹수로부터 무리를 지킬

평등하다
권리, 의무, 자격 등이 차별없이 고르고 한결같다.

채집
널리 찾아서 얻거나 캐거나 잡아 모으는 일.

큰별 칼럼

수 있었어요.

  신석기 시대부터 시작된 농사도 마찬가지예요. 서로 힘을 합쳐야만 성공할 수 있었죠. 그래서 함께 노력해 얻은 식량을 공평하게 나눠 가졌답니다. 그러니까 먹을 것을 구하기 어려웠던 시기는 콩 한 쪽도 나눠 먹는 평등한 사회, 즉 '배고픈 평등 사회'일 수밖에 없었던 거예요.

  청동기 시대가 되고 벼농사를 짓기 시작하면서 사회는 점점 불평등해졌어요. 농사 기술이 발달하면서 더 많은 곡식을 얻을 수 있게 되었고 사람들의 삶은 넉넉해졌답니다. 그런데 **살림살이가 넉넉해지고 *잉여 생산물이 쌓이자, 사람들은 오히려 더 많이 가지려고 싸우기 시작했어요.** 공격하는 것으로도 모자라 전쟁을 했지요. 사회는 지배하는 사람과 지배받는 사람, 많이 가진 사람과 적게 가진 사람으로 나뉘었어요. 그 과정에서 자연스럽게 **계급이 만들어지면서 불평등한 사회가 된 거예요.** 먹을 것이 부족했을 때는 평등했는데, 넉넉해지니까 불평등해진다는 게 정말 이상하죠?

잉여 생산물
쓰고 남은 물건이나 필요 이상으로 많이 만들어진 것.

제1호　　선사 시대

차별
둘 이상의 대상에 각각 등급이나 수준 등의 차이를 두는 것.

연대
여럿이 함께 무슨 일을 하거나 함께 책임을 짐.

협력
힘을 합하여 서로 돕는 것.

　사실 우리 사회에는 여전히 다양한 불평등과 *차별이 존재해요. 이로 인해 최근에는 다양한 사회 문제가 생기고 있고 심각한 갈등이 드러나기도 합니다. 이럴 때일수록 인류의 역사가 '*연대'와 '*협력'에서 시작되었다는 사실을 기억해야 해요.

　몇 년 전 코로나19가 유행하던 때를 떠올려 볼까요? 코로나19가 유행하자 우리 국민은 마스크를 쓰는 등 개인 방역에 힘쓰고 거리 두기를 실천했어요. 손수 바느질한 마스크와 직접 만든 도시락을 나누어 주는 사람들도 있었고요. 거리 두기로 장사하기 어려워진 사람들을 위해 임대료를 깎아 주는 운동이 일어나기도 했지요. 이처럼 우리는 코로나19 확산이라는 어려운 상황을 연대와 협력의 힘으로 이겨 낼 수 있었습니다. 지금 우리 사회가 가지고 있는 문제들 역시 연대와 협력의 정신을 생각한다면 극복할 수 있을 거라 믿습니다.

큰별쌤 최태성의 한국사신문

고조선

제 2 호

우리 역사 최초의 국가 고조선이 세워지다

◆ 단군왕검, 고조선 건국   ◆ 8조법   ◆ 위만 집권

1. 단군왕검, 고조선 건국!
2. **〈큰별 인터뷰〉** 단군왕검은 어떤 고조선을 꿈꾸었나?
3. 위만, 고조선의 왕이 되다!
4. **〈큰별 칼럼〉** 우리는 하늘의 선택을 받은 민족이다!

제 2 호   고조선

단군왕검 고조선 건국!

청동기 문화를 바탕으로 고조선 건국

기원전 2333년, 환웅의 아들이 고조선을 건국했다. 환웅의 아들이 이끄는 환웅 부족이 만주와 한반도 지역에서 세력을 넓혀 가다가 마침내 '고조선'이라는 국가를 건국하게 된 것이다. 이번에 고조선이 세워질 수 있었던 결정적인 계기는 곰 부족과 환웅 부족의 연합이었다. 고조선의 한 관계자는 "곰 부족이 환웅 부족과 연합하면서, 환웅 부족의 앞선 기술을 받아들일 수 있게 되었을 것"이라고 전했다. 실제로 환웅 부족은 비파형 동검 등 청동기 제작 기술을 보유하고 있을 뿐만 아니라 뛰어난 농경 기술을 가진 것으로 알려졌다.

단군왕검을 중심으로 한 '제정일치 사회'

고조선을 다스릴 통치자는 단군왕검으로 알려졌다. **단군왕검은 '하늘에 제사를 지내는 사람'이라는 뜻의 '단군'과 '나라를 다스리는 사람'이라는 뜻의 '왕검'이 합쳐진 말이다. 이는 종교와 정치를 함께 지배하는 우두머리를 의미한다.** 고조선 건국 과정을 지켜본 한 지배층은 "고조선은 제사장의 역할과 정치 지도자의 역할을 한 사람이 동시에 하는 제정일치 사회가 될 것"이라고 밝혔다.

한편, 고조선 건국 과정에서 있었던 여러 사건 또한 큰 화제가 되고 있다. 한 토착 부족민은 "단군왕검의 아버지 환웅은 하늘에서 내려왔다고 들었다. 비와 구름, 바람의 신까지 데리고 왔다고 하더라. 이들이 돌봐 주게 되었으니 앞으로 농사가 더욱 잘될 것 같다."라며 기대감을 드러냈다.

★ 큰별 단신

이제는 말할 수 있다!
환웅 부족에게 직접 듣는
고조선 건국 이야기의 '진짜' 의미

이름을 밝히지 않은 한 환웅 부족민은 "환웅이 하늘에서 내려왔다는 건 다른 지역에서 온 앞선 기술을 지닌 부족이라는 의미"라고 전했다. 이어 "농사에 큰 영향을 미치는 비와 바람, 구름을 다스리는 신하를 거느리고 왔다는 말은 환웅 부족이 농사를 중시하며 농경 기술이 뛰어나다는 것을 상징한다. 또 환웅과 웅녀의 결혼은 환웅 부족과 곰을 숭배하는 부족의 연합을 뜻한다."라고 말했다.

| 제 2 호 | 고조선 |

단군왕검은 어떤 고조선을 꿈꾸었나?

고조선 사회가 발전하면서 사회 유지를 위한 8조법이 제정되었습니다. 오늘은 고조선의 고위 관리를 모시고 8조법의 성격과 의미에 대해 이야기해 보겠습니다.

큰별

단군왕검께서는 고조선의 건국 이념이자 국가 운영 방향이 '홍익인간'이라고 발표하셨습니다. 그 뜻을 설명해 주실 수 있을까요?

고위 관리

'홍익인간'은 환웅께서 인간 세계로 내려와 세우신 이념입니다. 모든 백성을 존중하고 함께 잘살게 한다는 뜻입니다. 모든 인간을 존중하고 사랑하는 정신으로 나라를 다스리겠다는 다짐이라고 할 수 있지요, 허허. '홍익인간' 안에는 단군왕검께서 꿈꾸는 나라에 대한 모든 것이 들어 있습니다.

큰별 인터뷰

 **그렇다면 고조선 사회는 어떠한 방식으로 구성되어 있나요?**

 고조선 사회는 크게 왕을 비롯한 지배층과 피지배층으로 구성되어 있죠. 왕 아래 다양한 관직을 두고 나랏일을 나누어 맡도록 합니다. 피지배층에는 평민도 있었지만 노비도 있습니다.

 **고조선에는 8개의 법 조항이 있었다고 들었습니다. 대표적인 조항 몇 개만 소개해 주세요.**

 고조선을 건국한 뒤 사회가 발전하자 여러 가지 문제가 발생했습니다. 그래서 여덟 가지 엄격한 법을 만들었어요. 사회 질서를 유지하려고 만든 것이지요. 그게 바로 '8조법'입니다. 대표적인 내용으로는 '사람을 죽인 자는 즉시 사형에 처한다', '남을 다치게 하면 곡식으로 갚는다', '도둑질한 사람은 노비로 삼거나 돈으로 물어 줘야 한다'가 있습니다. 매우 합리적이고 상식적이지요. 그렇지 않습니까? 허허.

 **생각보다 꽤 살벌한데요? 8조법이 단군왕검께서 꿈꾸는 나라와는 어떤 관계가 있을까요?**

 고조선은 단군왕검의 정신을 대대로 이어 나가고자 노력했습니다. 단군왕검은 인간 세계를 이롭게 하기 위해 나라를 세우셨죠. 사람을 죽인 사람에게 최고의 형벌을 내리는 건 절대 사람을 죽이지 말라는 의미입니다. 인간의 생명을 중요하게 여기니까요. 또 다른 사람을 다치게 한 사람은 곡식으로 갚아야 한다는 내용 그리고 도둑질과 관련된 내용은 노동력과 재산 역시 중요하게 여김을 뜻합니다.

사람들이 더불어 살아가려면 법과 질서가 필요하죠. 그보다 더 중요한 것은 바로 그 법을 잘 지키는 것이고요. 국가를 만든 단군왕검의 정신을 다시 한번 생각해 볼 수 있는 시간이었습니다. 여기까지 큰별 기자였습니다.

제 2 호 고조선

위만 고조선의 왕이 되다!

위만, 무력으로 왕위를 빼앗아

중국에서 온 위만이 고조선의 왕 준왕을 몰아내고 고조선의 새로운 왕이 되는 데에 성공했다. 위만은 중국의 혼란기를 틈타 연에서 무리를 이끌고 고조선으로 건너와 *망명한 인물이다. 당시 위만은 준왕에게 자신을 고조선 서쪽 지역의 국경 근처에 머물게 해 달라고 한 것으로 알려졌다. 그렇게 해 주면 중국에서 건너오는 사람들을 거둬들여 고조선 국경을 든든히 지키겠다고 약속했다고 한다. 이에 준왕은 위만에게 관직을 내려 서쪽 국경 근처를 다스리게 했다.

위만은 고조선의 서쪽 국경을 지키며 착실하게 세력을 키워 왔다. 그를 따르는 사람이 날로 늘어나고 군대가 점점 강해지자 위만은 쿠데타를 결심한 것으로 보인다. 위만은 준왕에게 사람을 보내 "한나라 군대가 쳐들어오고 있으니 왕궁에 들어가 임금을 보호

큰별 기사

하겠다."라고 거짓 정보를 흘린 것으로 알려졌다. 위만의 말을 믿은 준왕은 그와 그의 군대를 수도인 왕검성으로 불러들였다. 그렇게 들어온 위만은 준왕을 쫓아내고 왕검성을 차지했다고 전해진다. 당시 왕검성을 지키던 병사는 "왕검성으로 들어온 위만의 군대가 갑작스럽게 돌변했다. 우리를 향해 공격하리라고는 상상도 못 했다. 준왕의 군대는 제대로 대응할 겨를이 없었다."라고 전했다.

위만은 고조선이라는 나라 이름을 그대로 이어받을 것이라고 밝혔다. 한편, 믿었던 신하에게 왕위를 빼앗긴 준왕은 한반도 남쪽 방향으로 달아났다고 전해진다. 가는 길에 "내가 믿는 도끼에 발등을 찍혔구나."라고 한탄했다고 한다.

본격적인 철기 문화 도입에 대한 기대감

위만은 "앞으로 철기 문화를 본격적으로 받아들이겠다."라는 공약을 내세웠다. 고조선 대부분의 지배층들은 위만이 불법적으로 집권한 것에 강한 불만을 표출하고 있지만, 일부 관리와 농민들은 위만이 왕이 된 것을 반기는 분위기이다.

*익명을 요구한 한 농민은 "일부 지역에서 철제 농기구를 사용하면서 농사가 훨씬 잘된다는 이야기를 들었다."라며 본격적으로 철기 문화가 도입되는 것에 대한 기대감을 드러냈다.

한 고위 관리 역시 "철제 농기구를 이용해서 수확량이 늘어나면 자연스럽게 상업과 무역도 발달할 것"이라며, "그렇게 되면 고조선이 한을 위협하는 세력으로 성장하게 될 것"이라고 전망했다.

*망명하다 정치적인 이유로 자기 나라에서 받는 박해를 피하려고 외국으로 몸을 옮기다.
*익명 자신의 이름을 숨기거나 밝히지 않는 것.

제2호 　 고조선

우리는 하늘의 선택을 받은 민족이다!

우리 역사는 환인의 아들 환웅이 하늘에서 내려오는 데에서 시작한다

"하늘에서 선택 받은 민족이라는 자긍심 필요"

고구려 광개토태왕릉비의 4개 면에는 1,700~1,800자에 달하는 글자가 새겨져 있어요. 비문에는 주로 고구려의 역사와 광개토 태왕의 *업적이 담겨 있는데요, 이렇게 시작합니다.

> "옛날에 시조 추모왕(주몽왕)이 나라를 세웠는데 … 천제의 아들이다."

여기서 천제란 '하늘의 신'을 의미해요. 그러니까 고구려인들은 스스로 하늘의 자손임을 당당하게 주장한 거예요. 어디서 많이 들어 본 이야기죠? 맞아요. 고조선 건국 이야기에도 이와 비슷한 이야기가 나옵니다. 고조선 건국 세력인 환웅 부족 역시 스스로 하늘에서 내려온 '천신족'이라고 여겼어요. 그러면서 스스로를 자랑스러워했지요.

물론 이런 표현은 당시 지배 계층이 권력을 강화하려고 과장을 섞은 것이기도 합니다. 하지만 '천신족'과 '천제의 아들'이라는 표현을 썼다는 데에서 선조들이 세상을 바라보는 담대한 시선과 위풍당당한 자신감을 엿볼 수 있어요.

업적
어떤 사업이나 연구에서 세운 공적.

큰별 칼럼

그렇다면 지금 우리는 어떤가요? 어느 순간 우리는 선조들의 이런 자신감을 잃어버리지는 않았는지 모르겠습니다. 우리는 지리적으로 중국, 러시아, 일본 등 강대국에 둘러싸여 있어요. 그리고 경제적으로도 미국, 중국 등에 많은 영향을 받고 있죠. 게다가 *분단국가라는 아픔도 가지고 있어요. 그렇기 때문에 우리 민족에 대한 자신감이 떨어질 때도 있습니다.

하지만 우리 역사 최초의 국가인 고조선 건국 이야기는 환인의 아들 환웅이 하늘에서 내려오는 것으로 시작합니다. 곧 '우리는 하늘의 선택을 받은 사람이다'라고 밝히고 있는 거예요. 이것이야말로 정말 대단한 자신감이죠?

분단국가
본래는 한 국가였으나 나뉘어 각각 다른 통치 기구가 존재하는 국가.

| 제 2 호 | 고조선 |

반열에 오르다
어떤 분야에서 뛰어나서 인정받고, 높은 자리에 이름을 올리다.

냉혹하다
차갑고 혹독하다.

국제 정세
세계 여러 나라들이 요즘 어떻게 지내고 있는지를 말하는 것.

　우리 역사에는 수많은 전쟁과 아픔이 있었습니다. 일제 강점기를 겪었고 또 6.25 전쟁도 일어났죠. 하지만 대한민국은 이 모든 아픔을 이겨 내고 선진국 *반열에 올랐어요.

　이 사실 하나만으로도 우리는 충분히 자긍심과 자부심을 가질 수 있어요. 우리 민족이 천신족의 후예라는 걸 다시 기억합시다. 우리가 이것을 기억한다면 지금처럼 혼란스럽고 *냉혹한 *국제 정세에도 길을 잃지 않고 당당하게 앞으로 나아갈 수 있을 거예요.

　위기가 왔을 때 역사를 다시 들춰 보는 이유가 바로 이겁니다. 역사에서 지금의 위기를 헤쳐 나갈 힘을 얻을 수 있기 때문이에요. 역사는 우리에게 앞으로 나아갈 용기와 힘을 주는 중요한 도구니까요. 우리 역사의 출발점에서 선조들이 외쳤던 것처럼 우리도 함께 외쳐 볼까요?

　"우리는 천신족이다!"

큰별쌤 최태성의 한국사신문 　　　　　　　　　　　　　삼국 시대

제3호 | 고구려, 나라를 세우고 체제를 정비하다

◆ 주몽, 고구려 건국　　◆ 고국천왕, 진대법 실시

1. 주몽, 고구려를 건국하다!
2. **〈큰별 인터뷰〉** 유리왕이 주몽의 아들로 인정받은 이유는?
3. 고국천왕, 가난한 백성 위해 '진대법' 실시
4. **〈큰별 칼럼〉** 우씨왕후, 자신의 운명을 선택하다

제3호　삼국 시대 _ 고구려

주몽
고구려를 건국하다!

부여 출신 주몽, 고구려 건국

　기원전 37년, 주몽이 압록강 유역의 졸본 지역에 고구려를 건국했다. 그는 부여 출신으로, 부여 금와왕에게 총애를 받던 인물이었다. 비록 금와왕의 친아들은 아니었지만, 그의 용맹함과 뛰어난 재능 덕분에 왕의 신임을 얻었던 것으로 알려졌다.

　그러나 주몽이 왕의 사랑을 받을수록, 금와왕의 아들들은 그를 시기하고 질투했다. 부여의 한 관리에 따르면, 왕위를 빼앗길 것을 두려워한 왕자들은 주몽을 제거하려는 음모를 꾸미기도 했다고 한다. 이에 주몽의 어머니 유화 부인은 아들에게 부여를 떠나 큰 뜻을 펼치라고 권했고, 주몽은 어머니의 뜻에 따라 오이, 마리, 협보와 함께 부여를 탈출한 것으로 전해진다. 주몽의 측근인 오이는 당시의 긴박했던 상황을 이렇게 회상했다. "부여의 군사가 바짝 쫓아오는 상황에서 큰 강을 만났습니다. 강을 건널 수 있는 배가 없어 이제 끝이라고 생각했죠. 그 순간 주몽 임금께서 '나는 천제의 아들이요, 하백의 외손이다. 곧 나를 뒤쫓는 군사가 닥치는데 이를 어찌하면 좋겠는가.'라고 외쳤습니다. 그러자 물고기와 자라들이 떠올라 다리를 만들어 주는 것이 아니겠습니까. 그 덕분에 무사히 강을 건너 부여 군사들을 따돌릴 수 있었죠."

한편, 주몽이 아무 연고도 없는 졸본 지역에 어떻게 나라를 세울 수 있었는지에 많은 관심이 집중되고 있다. 주몽은 졸본에 도착한 뒤 그 지역 왕의 딸인 소서노와 결혼했고, 소서노의 배경과 재산은 고구려 건국에 큰 힘이 된 것으로 알려졌다. 오이 역시 "부여에서 아무것도 없이 도망쳐 온 젊은 주몽 임금이 소서노의 도움 없이는 나라를 세우는 것이 쉽지 않았을 것"이라고 덧붙였다.

알에서 나왔다는 탄생 이야기도 화제

주몽의 신비한 탄생 이야기 역시 큰 화제가 되고 있다. 주몽의 어머니 유화 부인은 강의 신 하백의 딸이었다. 그는 천제의 아들 해모수와 사랑에 빠져 임신을 했다. 우연히 유화 부인을 만나 사연을 듣게 된 부여 금와왕은 유화 부인을 궁으로 데리고 왔다. 그리고 얼마 뒤 유화 부인은 커다란 알을 낳았다. 이를 불길하게 여긴 금와왕이 알을 버리자 동물들은 그 알을 피했고, 새가 날개로 품었다. 금와왕이 알을 깨려고 했지만 알이 끄떡하지 않자 다시 유화 부인에게 돌려줬다. 그러고 나서 알에서 한 남자아이가 나왔는데, 그가 바로 주몽이다. 주몽은 어려서부터 스스로 활과 화살을 만들어 쏘았고 그 솜씨가 매우 뛰어났다고 한다. 그래서 사람들은 부여 말로 '활을 잘 쏘는 사람'이라는 뜻인 '주몽'이라고 불렀다고 한다.

제3호　삼국 시대 _ 고구려

유리왕이 주몽의 아들로 인정받은 이유는?

주몽과 그의 아내 소서노 사이에는 온조와 비류, 두 아들이 있었습니다. 그러던 어느 날 갑자기 자신이 주몽의 아들이라고 주장하는 유리가 나타났습니다. 그 이후 유리는 고구려의 제2대 왕이 되었습니다. 왜 주몽은 유리를 태자로 책봉했을까요? 오늘은 고구려 유리왕을 만나 그 이유를 들어 보겠습니다.

큰별

유리왕께서는 갑자기 나타나 주몽의 아들이라고 주장하셨습니다. 그리고 곧 태자로 책봉되었지요. 당시 상황을 자세히 설명해 주실 수 있을까요?

유리왕

　주몽이라고 불리는 제 아버지 동명성왕께서는 부여에 있을 때 제 어머니 예씨 부인과 결혼하셨지요. 아버지께서 부여를 떠나실 때 저는 어머니의 뱃속에 있었고요. 홀어머니 밑에서 자란 저는 항상 아버지가 누구인지 궁금했습니다. 어머니께서 "아버지는 남쪽으로 내려가 나라를 세우셨다."라고 말씀해 주셨고, 아버지를 만나고자 고구려로 향한 것이지요.

큰별 인터뷰

동명성왕께서는 어떻게 한 번도 본 적 없는 유리왕이 자신의 아들임을 알아볼 수 있었을까요?

부러진 칼 덕분입니다. 사실 아버지께서는 부여를 떠나기 전에 어머니께 이런 말을 남기셨지요. "일곱 모가 난 돌 위의 소나무 아래 부러진 칼 한쪽을 감추어 두겠소. 나중에 아이가 태어나면 이 칼을 찾아 내게 오라고 전해 주시오. 그러면 내 자식인지 알 수 있을 거요."

"일곱 모가 난 돌 위의 소나무 아래"라니, 너무 어려운 수수께끼인데요?

저는 일곱 모가 난 돌 위에 있는 소나무를 찾아 정처 없이 헤맸습니다. 그러다 어느 날 저희 집에 있는 주춧돌이 눈에 들어오는 게 아니겠어요? 가만 보니 주춧돌이 일곱 모가 난 돌이었어요. 그 위의 기둥이 소나무였고요. 기둥 아래를 파 보니 부러진 칼 반쪽이 있었지요. 저는 그 즉시 어머니와 함께 고구려로 왔습니다. 그리고 이 칼을 아버지께 바쳤습니다. 아버지가 가지고 있던 칼 반쪽과 합치니 칼이 하나가 되었죠. 그래서 제가 동명성왕의 맏아들임을 증명할 수 있었습니다.

그래도 동명성왕의 아들이자 고구려의 왕자인 비류와 온조 입장에서 보면 황당할 것 같습니다.

제가 고구려에 온 뒤 고구려를 떠난 둘째 어머니와 비류, 온조에게는 미안한 마음입니다. 그래도 온조가 한강 유역에 자리 잡아 번듯한 나라를 세웠다고 하니 다행이지요.

어쩌면 동명성왕은 온조의 능력과 그를 지켜 줄 소서노를 굳게 믿었기 때문에 유리를 고구려의 태자로 삼은 것이 아닐까요? 여기까지 큰별 기자였습니다.

제3호 삼국 시대_고구려

고국천왕, 가난한 백성 위해 '진대법' 실시

고국천왕, 진대법 실시

고구려 고국천왕이 진대법을 실시한다고 발표했다. **진대법은 봄에 먹을 것이 부족할 때 나라에서 백성에게 곡식을 빌려주었다가 가을에 곡식을 수확하면 빌린 곡식을 갚게 하는 제도이다.** 그동안 일부 귀족들이 가난한 백성에게 곡식을 빌려주었다가 제때 갚지 못하면 땅을 빼앗거나 노비로 삼는 경우가 상당히 많았다. 나라에서 진대법을 실시하면 이런 문제가 사라질 것으로 보인다.

일단 고구려 백성들은 진대법 실시를 크게 환영하는 분위기이다. 국내성의 한 농부는 "먹을 것이 없어서 노비가 되는 사람은 이제 없을 것"이라며 환영했다. 또 다른 농부는 "귀족에게 곡식을 빌리면 이자가 비싸다. 이런 제도가 생겼다니 당장 이용해 볼 것"이라며 기대감을 나타냈다.

진대법으로 빈민 구제와 귀족 견제, 두 마리 토끼 잡나?

한편 진대법을 실행하면 귀족의 힘이 약해지는 효과도 있을 거라는 전망도 있다. 기존에는 농민이 세금을 내지 못하면 땅을 빼앗기고 귀족의 노비가 되기도 했는데, 이제는 그럴 일이 줄었으니 귀족의 힘은 그만큼 약해지는 것이다.

진대법은 빈민 *구휼 제도이자, 농민의 몰락을 막고 안정적으로 세금을 걷을 수 있는 방안이다. 고국천왕은 왕권 강화를 위한 여러 개혁을 추진했는데, 진대법도 이런 정책 중 하나이다. 진대법 시행은 새롭게 임명된 재상 을파소가 주도했다는 견해가 지배적이다.

*구휼 가난한 사람에게 돈이나 물품을 주어 도움.

★ 큰별 단신

백성을 위한 봄철 곡식 신청 안내문

시행일: 0월 00일부터

내용: ① 봄 3월부터 여름 7월까지 관아의 곡식을 풀어 백성에게 빌려준다.
　　　② 각 지방 관아에 방문하면 식구 수에 따라 곡식을 지급한다.
　　　③ 곡식을 빌린 사람은 첫 수확 후 30일 내에 이자와 함께 갚는다.

고구려 제9대 왕 고국천왕

제3호　　삼국 시대 _ 고구려

우씨왕후 자신의 운명을 선택하다

스스로 삶을 만들어 갔던 여성, 우씨왕후

"선택의 순간에 주체적으로 행동하고
자신의 운명을 스스로 개척한다면"

'왜 동화의 결말은 항상 백마 탄 왕자가 공주를 구하는 것으로 끝날까?' 동화나 애니메이션에 등장하는 공주님을 볼 때 이런 생각을 한 적 있나요? 물론 요즘은 많이 변했다고는 하지만, 여전히 동화나 애니메이션에 나오는 공주님은 왕자님의 구원을 수동적으로 기다리는 모습인 경우가 많아요.

역사도 마찬가지입니다. 우리나라 역사 속에 등장하는 여성은 많지 않을뿐더러 간혹 있다 하더라도 누구의 딸, 아내, 어머니로 기록되는 경우가 대부분이죠.

그런 역사 기록에서 유난히 눈에 띄는 인물이 있습니다. 바로 고구려 고국천왕의 부인 우씨왕후예요. 그는 **중요한 선택을 해야 하는 순간마다 항상 자신의 판단을 믿고 스스로 삶을 만들어 가던 여성**이었답니다. 그의 인생에서 중요한 선택을 해야 했던 순간들이 있었어요.

첫 번째 선택의 순간은 남편 고국천왕이 죽었을 때였어요. 왕의 자리를 물려받을 아들이 없는 상태에서 남편이 죽자, 우씨왕후는 그 누구에게도 알리지 않고 고국천왕의 첫째 동생인 발기를 찾아갔습니다. 그리고 이렇게 물었답니다.

큰별 칼럼

"왕의 후손이 없으니 그대가 왕위를 이어야 합니다. 어떻게 하겠어요?"

우씨왕후의 질문에 발기는 머릿속이 꽤 복잡했을 거예요. '형이 버젓이 살아 있는데 이게 무슨 제안일까?'라고 생각했을 겁니다. 어떻게 대답하느냐에 따라 *역모로 몰릴 수도 있는 상황이었어요. 그래서 그는 버럭 화를 내며 우씨왕후를 내쫓았어요.

우씨왕후는 포기하지 않고 고국천왕의 둘째 동생인 연우를 찾아갑니다. 연우는 우씨왕후를 예를 갖추어 맞이합니다. 우씨왕후는 연우에게 그제야 고국천왕이 죽었다는 사실을 말합니다.

"고국천왕께서 돌아가셨습니다. 왕이 되지 않겠습니까?"

연우의 반응은 발기와는 완전히 달랐어요. 그는 고기를 준비해 우씨왕후를 극진히 대접했지요. 이후 우씨왕후와 연우는 함께 손을 잡고 궁궐로 돌아오게 됩니다. 그러고 나서 고국천왕이 죽었음을 신하들에게 알렸어요. 우씨왕후는 신하들에게 거짓말을 합니다. 고국천왕이 세상을 떠나기 전에 "둘째 동생인 연우를 다음 왕으로 삼겠다."라고 유언을 남겼다고 말이죠. 결국 연우는 산상왕으로 즉위했어요. 우씨왕후는 자신의 의지에 따라 두 번에 걸쳐 고구려의 왕후가 됩니다.

당시 고구려에는 죽은 남편의 남자 형제나 친척이 남겨진 부인과 결혼하는 '형사취수제' 풍습이 있었어요. 하지만 그동안 왕실에서 이런 일이 일어난 적은 없었어요. 우리나라 역사에서 *유일무이한 사례이지요.

우씨왕후의 두 번째 선택의 순간은 우씨왕후가 죽음을 앞두었을 때였어요. 그는 죽기 직전에 이런 유언을 남겼어요.

"내가 무슨 면목으로 다시 고국천왕을 보겠는가. 나를 산상왕 옆에 묻어 주시오."

이런 말을 남긴 데에는 다른 이유가 있었을 것으로 추측돼요.

사실 동천왕은 우씨왕후의 친아들이 아니에요. 사실 동천왕은 산상왕과 그의 두번째 부인 후녀 사이에서 태어났죠. 우씨왕후는 왕자를 낳은

역모
반역을 꾀하는 일.

유일무이하다
오직 하나뿐이고 둘도 없다.

| 제3호 | 삼국 시대 _ 고구려 |

합장
여러 사람의 시체를 한 무덤에 묻는 것.

주체적
어떤 일을 실천하는 데 자유롭고 자주적인 성질이 있는 것.

개척하다
새로운 영역, 운명 등을 처음으로 열어 가다.

후녀가 산상왕 옆에 묻히는 것을 받아들일 수 없었어요. 그래서 첫 번째 남편인 고국천왕이 아니라 두 번째 남편인 산상왕 옆에 묻히겠다고 유언한 것으로 보입니다. 동천왕 입장에서는 자신의 친어머니와 아버지가 함께 모셔지길 바랐겠지만, 우씨왕후의 유언을 거스를 수는 없었어요. 결국 우씨왕후와 산상왕을 *합장합니다.

우씨왕후는 위기 앞에서 절망하지 않고 자신이 원하는 결과를 만들어 내기 위해 최선을 다했어요. 그의 용기 있는 모습은 우리에게 많은 울림을 줍니다. 우리도 선택의 순간에 *주체적으로 행동하고, 스스로 운명을 *개척한다면 보다 행복하고 만족스러운 삶을 살 수 있을 거예요.

큰별쌤 최태성의 한국사신문   삼국 시대 _ 고구려

제 호

고구려, 시련을 이기고 새로운 질서를 세우다

◆ 고국원왕, 평양성에서 전사   ◆ 소수림왕, 율령 반포

1. 고국원왕 전사, 평양성 전투 참패
2. 〈큰별 인터뷰〉 소수림왕의 고구려 위기 극복 프로젝트
3. 〈큰별 칼럼〉 '혁신'에는 반드시 고통이 따른다!

제4호 　삼국 시대 _ 고구려

고국원왕 전사
평양성 전투 참패

고국원왕, 평양성 전투에서 백제군 화살에 쓰러져

　　서기 371년, 고구려의 고국원왕이 평양성 전투 중 백제군의 화살에 맞아 전사했다. 고구려 역사상 전쟁 중에 왕이 전사한 것은 처음으로, 온 나라가 큰 충격에 빠졌다.

　　이번 전쟁은 고구려가 먼저 백제를 공격하면서 시작됐다. 백제가 고구려의 황해도 지역을 노리자, 이를 눈치챈 고구려가 먼저 공격에 나섰지만 실패했고, 이후 백제의 대규모 반격으로 이어진 것이다.

큰별 기사

백제의 근초고왕은 3만 명 대군을 이끌고 평양성으로 진격했다. 고국원왕도 직접 군을 지휘하며 맞섰지만, 수적으로 우세한 백제군을 막기에는 역부족이었던 것으로 보인다.

고국원왕의 최후를 목격한 한 병사는 "비처럼 쏟아지는 화살에 왕이 쓰러지자 군대의 사기가 무너졌고, 더는 싸움을 이어 갈 수가 없었습니다."라고 전했다. 고구려가 이번 전쟁에서 패한 원인으로는 이웃한 전연과의 오랜 전쟁으로 국력이 약해진 점을 꼽을 수 있다.

고구려의 패배로 한반도 정세 급변

고구려는 342년, 전연과의 전쟁에서 패하여 고국원왕의 아버지인 미천왕의 시신과 신하 5만 명을 빼앗기는 등 큰 타격을 입었다. 이후 고구려는 전연에 *조공을 바치며 외교적으로도 열세에 놓였고, 이후 국력이 약해졌다.

반면, 백제는 근초고왕 즉위 이후 왕권을 강화하고 마한 지역을 정복하는 등 활발히 세력을 넓혔다. 또 중국 동진, 일본 왜와 무역을 하면서 경제력도 한층 강화된 것으로 알려졌다.

이번 승리로 백제는 황해도 일대까지 세력을 확장했다. 또 중국, 왜와 무역도 더 욱 활기를 띨 전망이다. 백제의 영향력은 이제 한반도를 넘어 동북아 전역으로 퍼질 조짐을 보이고 있다.

한편, 고구려는 왕의 *전사라는 위기를 어떻게 극복할지 관심이 집중되고 있다. 조정은 새 왕을 빠르게 추대하고, 무너진 국방을 재정비해 국난을 극복하려는 움직임을 보이고 있다.

*조공 옛날에 약한 나라가 더 힘센 나라에 물건이나 선물을 바쳐서 관계를 유지하던 방법.
*전사 전쟁터에서 적과 싸우다 죽음.

제4호　　삼국 시대 _ 고구려

소수림왕의 고구려 위기 극복 프로젝트

소수림왕은 아버지 고국원왕의 죽음을 슬퍼할 새도 없이 고구려 제17대 왕의 자리에 올랐어요. 놀랍게도 그는 '피의 복수'보다는 고구려를 강한 나라로 만드는 걸 택했어요. 소수림왕은 나라의 위기를 극복하기 위해 다양한 개혁 정책을 펼쳤습니다. 오늘은 소수림왕을 모시고 이야기를 들어 보겠습니다.

큰별 아버지 고국원왕께서 백제와의 전투에서 전사했을 때 상심이 매우 크셨죠. 그런데도 복수보다 안정을 택하셨습니다. 그 이유가 무엇인가요?

소수림왕 마음 같아서는 당장이라도 백제로 쳐들어가고 싶었지요. 하지만 모든 일에는 순서가 있는 법이지요. 당시 고구려는 전쟁을 계속 이어 갈 수 있는 상

큰별 인터뷰

황이 아니었습니다. 복수보다 중요한 것은 오랜 전쟁으로 지친 백성의 마음을 어루만지는 일이었습니다. 그리고 하루빨리 나라의 혼란을 수습하고 힘을 길러야 한다고 생각했습니다. 힘이 있어야 복수도 할 수 있으니까요.

그럼 나라의 힘을 기르기 위해 어떤 일을 하셨나요?

우선 불교를 받아들여 백성의 마음을 하나로 모았습니다. 그리고 율령을 반포했어요. 율령은 나라를 다스리기 위한 법과 제도라고 할 수 있어요. 율령이라는 명확한 기준을 통해 나라의 질서를 바로 세우고자 한 것이죠.

법과 제도는 나라를 다스리는 데 꼭 필요하지요. '강한 고구려'를 만들기 위해 실시한 또 다른 정책이 있으면 소개해 주시죠.

고구려를 이끌어 갈 훌륭한 인재를 기르는 일도 게을리할 수 없지요. 그래서 저는 국립 대학교라고 할 수 있는 '태학'을 세웠습니다. 태학에서는 유학을 교육했어요. 유학은 왕에게 충성할 것을 강조하죠. 그래서 태학은 앞으로 왕권을 강화하는 데 큰 도움이 될 겁니다.

소수림왕의 고구려 위기 극복 프로젝트는 대성공이었습니다. 소수림왕의 *체제 정비를 바탕으로 고구려가 광개토 태왕과 장수왕의 시대를 맞이할 수 있었으니까요. 여기까지 큰별 기자였습니다.

***체제** 국가나 사회를 조직하고 유지하는 전체적인 틀.

제 4 호   삼국 시대 _ 고구려

'혁신'에는 반드시 고통이 따른다!

가죽을 벗겨서 새롭게 만든다

"반발과 저항에도 굴복하지 않고 고구려의 혁신 이끈 소수림왕"

혹시 '혁신'이라는 말을 들어 본 적이 있나요? 혁신이란 어떤 오래된 풍속이나 관습, 조직 따위를 완전히 바꿔 새롭게 하는 것을 의미해요. 혁신을 한자로 풀면 가죽 혁(革)과 새로울 신(新)입니다. 혁(革) 자는 가죽이라는 뜻도 있지만 '바꾼다', '새로워진다'는 뜻을 가지고 있어요. 동물의 털을 뽑고, 두드려 펴고, *무두질을 해야만 옷이나 신발을 만들 수 있게 변화하기 때문이죠.

소수림왕은 개혁을 통해 고구려를 두드려 펴고, 무두질을 하여 새롭게 만들었습니다. 그야말로 고구려를 '혁신'한 것입니다.

다시 소수림왕 이야기로 돌아가 볼까요? 우리는 '고구려'라고 하면 대부분 광개토 태왕의 고구려를 가장 먼저 떠올립니다. 만주 벌판을 누비며 *승승장구했던 *전성기 시절의 고구려 말이에요. 광개토 태왕 시절의 전성기는 하늘에서 갑자기 뚝 떨어진 걸까요? 아니면 훌륭한 왕이 나타나자 갑자기 전성기가 시작된 걸까요?

고구려는 고국원왕이 백제와의 전쟁에서 전사하면서 큰 위기를 겪습니다. 소수림왕은 이런 위기 속에서 등장합니다. 그는 고구려를 다시 강한 나라로 만들기 위해 이제까지의 고구려를 다 지웁니다. 그리고 혁신의 길

무두질
생가죽이나 실 등을 매만져서 부드럽게 만드는 일.

승승장구하다
싸움에 이긴 형세를 타고 계속 몰아치다.

전성기
어떤 사람이나 나라, 단체가 가장 잘나가고 빛나는 최고의 시기.

큰별 칼럼

을 뚜벅뚜벅 걸어갑니다.

그중 대표적인 혁신이 바로 율령 반포입니다. 이전까지의 고구려를 움직이던 낡은 시스템을 내려놓고 새로운 법을 만든 거예요. 말하자면 고구려 운영 체제를 최신 버전으로 바꾼 것과 마찬가지입니다.

그는 또 **불교를 받아들임으로써 다양한 전통 신앙을 믿었던 고구려 백성의 정신세계를 하나로 통일**했어요.

이뿐만이 아니에요. 태학, 그러니까 유교를 가르치는 학교도 세웠습니다. 태학에서 **왕에게 충성하고 나라를 이끌어 나갈 수 있는 *인재를 길러** 냈답니다. 왕에게 힘을 실어 줄 신하가 많아지자 왕의 권력은 더욱 강해졌어요. 이것을 바탕으로 중앙 집권화된 국가 시스템을 완성할 수 있었지요.

사실 말이 쉽지, 사람들에게 늘 해 오던 걸 그만두고 싹 바꾸라고 하면 사람들은 반발심과 반항심이 생깁니다. 아마 당시 고구려에서도 엄청난 반발과 저항이 있었을 거예요. 그럼에도 소수림왕은 결코 한 걸음도 뒤로 물러서거나 굴복하지 않고 고구려의 혁신을 이끌었지요.

인재
어떤 일을 아주 잘하는 똑똑하고 훌륭한 사람. 자신의 능력을 잘 써서 다른 사람이나 나라에 도움이 되는 사람.

뼈를 깎는 고통은 필수!

이런 혁신 과정을 거친 뒤 고구려는 완전히 달라졌어요. 소수림왕 때의 체제 정비를 바탕으로 광개토 태왕과 장수왕 때 화려한 전성기를 맞이할 수 있었답니다.

꿈을 이루는 과정도 마찬가지예요. '꿈을 이룬다'는 것은 내가 원하는 새로운 나로 변화하는 것을 의미합니다. 즉 나를 혁신하는 과정이라고 할 수 있어요. 양치질하는 손을 반대 손으로 바꾸는 것도 절대 쉬운 일이 아니잖아요. 작은 습관 하나를 바꾸는 것도 이렇게 어려운데, 꿈을 이루기 위해 내 삶 전체를 바꾸는 것은 훨씬 더 힘든 일이죠. 내 안의 가능성을 꺼내기 위해서는 스스로를 깎고 다듬는 고통의 시간이 반드시 필요하다는 사실을 기억하세요.

큰별쌤 최태성의 한국사신문   삼국 시대 _ 고구려

광개토 태왕과 장수왕 고구려의 황금기를 이끌다

◆ 광개토 태왕, 신라에 침입한 왜 격퇴　◆ 장수왕, 평양으로 천도　◆ 고구려 고분 벽화

1. 광개토 태왕, 신라에 침입한 왜 격퇴!
2. 고구려 평양 천도, 남진 정책 본격화
3. 〈큰별 인터뷰〉 고구려 황금기를 이끈 부자를 만나다!
4. 〈큰별 광고〉《고구려 고분 벽화》전

제5호　삼국 시대 _ 고구려

광개토 태왕
신라에 침입한 왜 격퇴!

신라 내물 마립간 요청으로 군사 지원

400년, 고구려가 신라에 침입한 왜를 격퇴했다. 왜의 침입으로 어려움에 처한 신라가 고구려에 군사 지원을 요청하자, 광개토 태왕이 군사 5만 명을 보내 신라를 지원한 것이다. 고구려의 한 관리는 "신라 내물 마립간이 자신을 광개토 태왕의 신하라 말하며 도움을 요청했고, 이에 광개토 태왕이 화답한 것"이라고 전했다. 고구려군은 도망가는 왜군을 금관가야까지 쫓아가 완전히 격파한 것으로 알려졌다.

왜의 신라 침략, 백제가 꾸민 일?

광개토 태왕은 왕위에 오른 이후 눈부신 정복 활동을 펼쳐 왔다. 그는 만주와 요동, 한강 북쪽 지방으로 영토를 확장했다. 그는 그 과정에서 두 차례나 백제 정벌에 나섰다. 특히 얼마 전에는 백제의 수도를 공격하며 58개 성과 700개 마을을 차지하기도 했다. 이에 백제 아신왕은 광개토 태왕에게 포로 1,000명과 옷감 1,000필을 바치며 항복했다. 당시 그는 광개토 태왕에게 영원히 신하가 되겠다고 맹세했다고 알려졌다.

하지만 이후 아신왕은 왜와 동맹을 맺고 신라를 공격했다. 군사 전문가들은 백제가 힘이 약한 신라부터 정복해 한반도 남부 지역을 장악한 다음 고구려에 *대적할 계획이었던 것으로 보인다고 분석했다. 또 백제가 왜에게 신라를 공격하라고 부추겼을 것이라는 분석도 내놓았다.

왜의 신라 공격이 백제가 꾸민 것일 수도 있다는 소문이 돌면서 신라에서는 백제에 대한 *적대감이 커지고 있는 것으로 알려졌다. 또 고구려군이 계속 신라에 머무르고 있는 만큼, 신라에서 고구려의 정치적·군사적 영향력은 더욱 커질 전망이다.

*대적 적과 맞서 겨룸.
*적대감 적으로 여기는 감정.

광개토 태왕 기념 '청동 호우' 경매 최고가 낙찰

광개토 태왕의 업적을 기리려고 제작된 청동 호우가 경매에서 최고가로 낙찰되었다. 이 청동 호우는 광개토 태왕 2주기 제사에 참석했던 한 인물이 신라로 가져온 것으로 추정된다. 낙찰에 성공한 김아무개 씨는 "이처럼 귀중한 보물을 얻게 되어 매우 영광스럽다."라고 소감을 밝혔다.

청동 '광개토 태왕'명 호우
(경상북도 경주시 호우총 출토)

제5호 　삼국 시대 _ 고구려

고구려 평양 천도
남진 정책 본격화

좁은 국내성 떠나 넓은 평야가 펼쳐진 평양으로

427년, 고구려 장수왕이 수도를 국내성에서 평양으로 옮겼다. 유리왕이 졸본에서 국내성으로 수도를 옮긴 지 약 420년 만에 다시 수도를 이전한 것이다.

장수왕은 수도를 평양으로 옮기는 것에 대해 "국내성은 너무 북쪽에 치우쳐 있고 터가 좁다. 그래서 발전하는 데 한계가 있다. 대동강 유역의 넓은 평야 지역에 있는 평양이야말로 고구려의 수도로 적합하다."라고 밝혔다.

실제로 평양은 한반도 북부의 요충지이다. 토지가 *비옥하여 생산물이 풍부하고, 대동강을 끼고 있어 교통이 편리하여 경제적으로도 유리한 점이 많다는 평가를 받고 있다.

하지만 고구려의 한 고위 관리에 따르면, 장수왕이 고구려의 수도를 평양성으로 옮긴 진짜 이유는 따로 있다고 한다. 그는 "수도를 평양으로 옮기면 국내성에 있던 귀족들의 힘이 약해질 것이다. 장수왕이 귀족들의 반대를 무릅쓰고 *천도를 강행한 것은 귀족 세력을 억누르고 왕권을 강화하려는 의도로 보여진다."라고 밝혔다.

수도 이전은 '남진 정책'을 위한 계획?

장수왕이 수도를 평양으로 옮긴 또 다른 중요한 이유는 '남진 정책' 추진에 있는 것으로 보인다. 광개토 태왕이 주로 북쪽으로 영토를 넓혔다면 **장수왕은 남쪽으로 세력을 확장하기 위해 평양 천도를 단행한 것**이 아니냐는 분석이 지배적이다.

고구려의 한 관리는 "삼국 경쟁에서 우위를 차지하기 위해서는 한강 유역 차지가 필수이다."라며 "장수왕은 아마도 백제가 차지하고 있는 한강 유역을 노리고 있는 것으로 보인다."라고 밝혔다.

백제와 신라는 이와 같은 고구려의 움직임에 바짝 긴장하고 있다. 특히 백제는 고구려의 공격에 대비하여 한강 유역 방어를 강화하는 등 대책 마련에 분주한 모습을 보이고 있다. 외교 전문가들은 고구려의 압박이 계속되면 백제와 신라가 손을 잡을 수도 있다고 전망했다. 또 고구려를 *견제하기 위해 중국과 외교 관계를 강화할 수도 있다고 내다봤다.

과연 고구려가 남진 정책을 펼쳐 한강 유역을 차지하게 될지 관심이 집중되고 있다.

***비옥하다** 식물이 잘 자랄 수 있을 만큼 땅이 기름지고 좋다.
***천도** 나라의 수도(도읍)을 다른 곳으로 옮기는 것.
***견제하다** 상대편이 지나치게 세력을 펴거나 자유롭게 행동하지 못하게 억누르다.

제 5 호 　 삼국 시대 _ 고구려

고구려 황금기를 이끈 부자를 만나다!

　　고구려는 광개토 태왕과 장수왕 시기를 거치며 북으로는 요동과 만주, 남으로는 남한강 유역까지 영토를 넓히며 동북아시아 최강국으로 자리매김했습니다. 오늘은 고구려의 전성기를 이끈 두 부자, 광개토 태왕과 장수왕을 모시고 어떻게 나라를 다스렸는지 이야기를 들어 보겠습니다.

장군총
(중국 지린성)

큰 별

광개토 태왕께서는 활발한 정복 활동으로 고구려의 영토를 크게 넓힌 것으로 유명합니다. 왜 영토 확장에 힘을 쏟으셨나요?

광개토 태왕

　　당시 중국은 내부 갈등으로 매우 혼란스러운 상황이었습니다. 이 기회를 활용해 최대한 영토를 확장해야 고구려가 더욱 강해질 수 있다고 생각

큰별 인터뷰

했지요. 제가 사방팔방으로 고구려의 영토를 넓혀 둔 덕분에 제 아들 장수왕이 고구려를 더욱 안정적으로 통치할 수 있었을 겁니다.

장수왕께서는 아버지 광개토 태왕의 말씀에 동의하시는지요?

물론입니다. 아버지께서 드넓은 영토를 물려주신 덕분에 백성들의 삶은 더욱 풍요로워졌습니다. 저 역시 아버지의 명성을 바탕으로 고구려를 편하게 다스릴 수 있었지요.

다만 저는 아버지와는 조금 다른 방식으로 고구려를 이끌고 싶었습니다. 그래서 중국의 여러 나라와 평화로운 관계를 유지하면서 한반도 내에서 더욱 세력을 확대하는 방법을 택했지요. 때로는 중국에 조공도 좀 바치면서 말이지요, 허허. 분명한 건 이런 실리적이고 유연한 외교 정책 덕분에 '남진 정책'에 집중할 수 있었다는 겁니다.

장수왕의 이런 외교 정책에 대해 광개토 태왕께서는 어떻게 생각하시나요?

어떤 사람들은 중국에 조공을 바치는 것이 굴욕적이라며 손가락질할 수도 있을 겁니다. 그렇지만 결과적으로는 아들 장수왕의 외교 정책 덕분에 당시 고구려가 중국의 여러 나라와 큰 전쟁 없이 지낼 수 있었지요. 나라도 안정이 되었고요. 남진 정책으로 고구려가 한강 유역을 전부 손에 넣었으니 매우 성공적인 외교였다고 할 수 있죠. 그런 면에서 볼 때 저보다 한 수 위인 것 같아 120점을 주겠습니다.

고구려의 황금기를 만든 두 부자를 만나 보았습니다. 광개토 태왕의 늠름한 기상과 장수왕의 유연한 태도 모두 훌륭한 군주에게 꼭 맞는 자질이군요. 여기까지 큰별 기자였습니다.

제5호 　삼국 시대_고구려

고구려 고분 벽화를 보면 고구려가 보인다!
《고구려 고분 벽화》전

무용총 「수렵도」
(중국 지린성)

국내성 주변 굴식 돌방무덤 벽화 '최초' 공개!

고구려인이 사랑하는 '불멸의 벽화' 6점 총출동!

국내 최초 고구려 고분 벽화 전시회!

- 전시 장소 　고구려 국내성 벽화의 전당 본관
- 주최 　고구려 고분 벽화 사랑단
- 후원 　고구려 로열패밀리 연합회

무용총 「무용도」
(중국 지린성)

국내 최초로 《고구려 고분 벽화》전이 개최됩니다. 이번 전시는 고구려인이 가장 사랑하는 5개 작품을 중심으로 구성되었습니다. '무용총 「무용도」'와 '각저총 「씨름도」' 등 고구려 국내성 주변 유명 고분에 있는 작품을 한자리에서 보실 수 있습니다. 섬세한 터치가 살아 있는 고분 벽화에서 고구려인의 기상을 느껴 보세요.

고구려 고위층 무덤을 장식한 벽화에는 **현세에서 누린 부귀영화가 내세까지 쭉 이어지기를 바라는 마음**이 담겨 있습니다. 사랑하는 사람이 죽은 뒤에도 행복하기를 바라는 간절한 마음이라고 할까요? 그래서 벽화에는 무덤의 주인이 일상에서 누리던 생활이 자세하게 묘사되어 있습니다. 고구려 고분 벽화에서는 **고구려인의 옷차림이나 예절, 종교관**을 살펴볼 수 있습니다. **고구려인이 사냥하는 모습과 춤추는 모습**도 엿볼 수 있습니다.

굴식 돌방무덤 내부의 천장과 벽에 장식된 벽화를 한자리에서 감상할 수 있는 단 한 번의 기회, 놓치지 마세요!

각저총 「씨름도」
(중국 지린성)

무용총 「접객도」
(중국 지린성)

삼실총 「행렬도」
(중국 길림성)

큰별쌤 최태성의 한국사신문　　　　　　　　　　　　삼국 시대 _ 고구려

제6호 고구려, 수와 당의 침입을 물리치다

◆ 을지문덕, 살수대첩 승리　◆ 연개소문의 정변　◆ 안시성 전투　◆ 고구려 멸망

1. 을지문덕, 살수대첩 대승 거둬
2. 〈큰별 칼럼〉 을지문덕 장군의 '붓', 전술과 전략의 승리
3. 안시성 전투, 한마음으로 이룬 승리
4. 〈큰별 인터뷰〉 연개소문은 고구려의 영웅인가, 독재자인가?
5. 나당 연합에 평양성 무너져, 고구려 멸망의 길로
6. 〈큰별 칼럼〉 강대국 고구려는 왜 삼국을 통일하지 못했을까?

제 6 호   삼국 시대 _ 고구려   큰별 기사

을지문덕 살수대첩 대승 거둬

을지문덕, 치밀한 전략으로 승리 이끌어

　을지문덕이 이끄는 고구려군이 살수대첩에서 수 군대를 상대로 큰 승리를 거두었다. 수는 중국을 통일한 후 세력을 점차 확장해 나갔고, 고구려에게도 *복속을 요구했다. 그러나 고구려는 이를 거절하고 오히려 요서 지방을 공격했다. 이에 수의 황제인 문제는 직접 군대를 이끌고 고구려를 침략했지만, 고구려군의 저항에 부딪혀 별다른 성과 없이 철수할 수밖에 없었다. 이후 즉위한 수 양제가 대규모 군대를 이끌고 고구려를

다시 침략한 것이다.

수 양제는 무려 113만 대군을 이끌고 고구려를 공격했고, 이에 고구려의 장군 을지문덕은 서쪽 국경 지역에 있는 요동성에 들어가 끈질기게 버티는 전술로 맞섰다. 당시 요동성을 방어하던 병사에 따르면, 을지문덕은 병사들에게 나가서 싸우는 대신 성문을 닫아걸고 버티라고 지시한 것으로 알려졌다.

고구려군의 완강한 저항으로 전쟁이 길어지자 수의 군대는 식량 보급에 큰 어려움을 겪게 되었다. 이에 수 양제는 장수 우중문에게 30만 명의 *별동대를 이끌고 고구려의 수도 평양성을 직접 공격하라고 명령했다. 이에 맞서 을지문덕은 주변의 식량과 군수물자를 없애 적군을 지치게 하는 전략과 기습 공격으로 수의 군대에 큰 타격을 입혔다. 또 일부러 패하는 척하며 수의 군대를 평양성 근처까지 유인한 것으로 알려졌다.

고구려, 대제국 수 상대로 동아시아 전쟁사에 빛날 대승 거둬

평양성 가까이에 이르렀을 무렵, 수의 장수 우중문은 고구려군의 전략에 빠졌음을 뒤늦게 깨닫고 *퇴각을 시작했다. 하지만 을지문덕은 이 틈을 노려 수나라 군대가 살수를 반쯤 건넜을 때 총공격을 명했다. 강을 건너던 별동대는 고구려군의 기습을 받아 완전히 무너졌고, 살아 돌아간 병사는 30만 명 중 겨우 2,700여 명에 불과했다고 전해진다. 별동대가 큰 피해를 입었다는 소식이 전해지자, 나머지 수의 군사들도 고구려에서 모두 급히 철수한 것으로 알려졌다.

수는 이번 고구려 원정에 실패하며 막대한 인적·물적 피해를 입었고, 국력에도 큰 손실을 입었다. 대제국으로서의 위상 역시 큰 타격을 받게 되었다. 이에 따라 수가 앞으로 고구려에 대해 어떤 정책을 펼쳐 나갈지 관심이 집중되고 있다.

***복속** 복종하여 붙좇음.
***별동대** 별도로 움직이는 부대. 보통 큰 부대에서 특별한 임무를 맡고 따로 움직이는 작은 군대를 뜻함.
***퇴각** 뒤로 물러감.

제 6 호   삼국 시대 _ 고구려   큰별 칼럼

을지문덕 장군의 '붓' 전술과 전략의 승리

어려운 상황 속에서도 포기하지 않는 태도

"불리한 상황이라도 전략만 잘 세우면 승리할 수 있다!"

　수가 고구려를 공격할 때 동원한 병사는 무려 113만 명이었어요. 워낙 인원이 많은 병력이다 보니 전부 출발하는 데만 40일이나 걸렸고, 군대의 깃발이 나부끼는 행렬은 무려 960리, 그러니까 400 km에 이르렀다고 해요. 수에서 이렇게 어마어마한 군사를 이끌고 왔다는 것은 그만큼 고구려가 강한 나라였다는 것을 의미합니다.

　수군은 먼저 고구려의 주요 군사 거점인 요동성을 공격했어요. 그러다 3개월이 넘도록 요동성을 무너뜨리지 못하자 30만 별동대를 꾸려 고구려 수도인 평양성을 공격합니다.

　이 별동대를 막기 위해 을지문덕이 나섭니다. 을지문덕은 기본적으로 전술과 전략이 뛰어난 인물이었어요. 『*삼국사기』에는 을지문덕에 대해 '침착하면서도 날쌔고 지략이 뛰어나며 글을 잘 지었다'고 기록되어 있습니다.

　을지문덕은 고구려군이 수적으로는 불리하지만 전략만 잘 세우면 충분히 승리할 수 있다고 판단했습니다. 그리하여 수군의 *지휘부를 혼란에 빠뜨리는 전략을 세웠어요.

　우선 을지문덕은 수군을 찾아가 항복하는 척하며 수의 군사들의 상황을 살폈습니다. 자칫 죽임을 당할 수도 있는 상황이었지만 두려워하지 않았어

삼국사기
고려 인종 1145년에 김부식이 펴낸 역사책. 고구려, 백제, 신라 등 세 나라의 역사를 기록한 책이며, 우리나라에서 가장 오래된 역사책.

지휘부
군대나 조직에서 작전을 짜고 명령을 내리는 중요한 사람들의 모임.

제 6 호   삼국 시대 _ 고구려

염탐하다
몰래 남의 사정을 살피고 조사하다.

요. 적의 상황을 제대로 살피려면 그 방법밖에 없었으니까요.

적을 *염탐한 을지문덕은 수의 군대가 식량이 부족하고 매우 지친 상황임을 확인합니다. 그리고 계속 싸움을 걸어서 수의 군사들을 더욱 지치게 만들어요. 일부러 수의 군대에 져 주면서 평양성 쪽으로 가까이 끌어들이고, 수의 장수 우중문에게 시 한 편을 써서 보냅니다. 너희가 이겼으

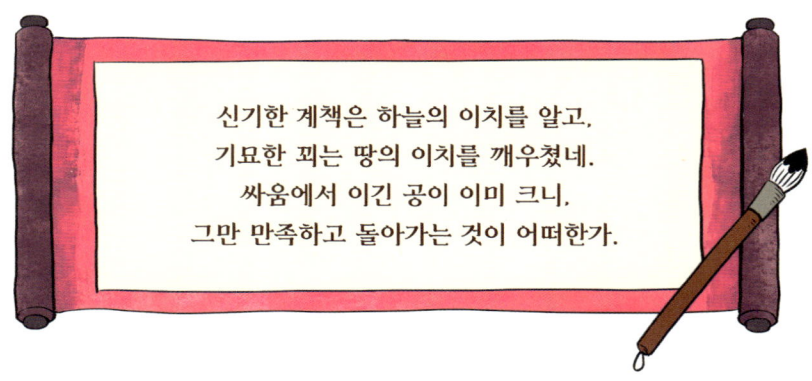

신기한 계책은 하늘의 이치를 알고,
기묘한 꾀는 땅의 이치를 깨우쳤네.
싸움에서 이긴 공이 이미 크니,
그만 만족하고 돌아가는 것이 어떠한가.

니 이만 돌아가는 것이 어떠하냐는 내용의 시였습니다.

을지문덕은 시를 보내는 데에 그치지 않습니다. 그는 수군의 지휘관 우문술에게 사람을 보내 다시 거짓으로 항복합니다. 수의 군대가 물러나면 자신이 고구려 영양왕과 함께 수 황제를 찾아가겠다고도 하지요. 우문술은 이번 전투에서 수군이 이기기 어렵다고 판단합니다. 방어가 잘되어 있는 평양성을 무너뜨리기 쉽지 않고, 수의 군대가 지칠 대로 지쳐 있었기 때문이에요. 게다가 고구려 을지문덕이 항복했다는 명분이 있으니 *회군하기로 했죠.

회군하다
전쟁하러 가던 군대가 갑자기 돌아오다.

수군이 회군하자 고구려군은 작전을 개시합니다. 수군이 지금의 청천강 유역인 살수를 건너기만을 기다렸다가 일제히 공격을 퍼부었지요. 이때 살수에서 수의 군사 대부분이 목숨을 잃습니다. 30만 군사 중에 불과 2,700명만 살아서 도망갔다고 해요. 이 소식을 들은 수 황제는 고구려에 들어와 있던 모든 군사에게 후퇴하라고 명하죠. 이로써 **고구려는 수와의**

전쟁에서 승리하게 됩니다.

을지문덕의 이야기는 오늘을 사는 우리에게 많은 교훈을 남깁니다. **을지문덕은 아무리 강한 상대를 만나더라도 용기 있게 맞서면서 지혜롭게 대처하려고 했어요. 그리고 상황이 아무리 불리해져도 끝까지 포기하지 않았습니다.**

어려운 상황에서도 끝까지 희망을 잃지 않고 용기 있게 임하는 자세는 꿈을 이루고자 하는 사람이라면 반드시 갖춰야 할 태도입니다. 또 자신이 처한 상황을 잘 파악하고 지혜롭게 문제를 해결하려고 노력한다면 어떤 어려움도 극복할 수 있을 거예요. 비록 당장은 원하는 결과가 보이지 않더라도, 용기를 내어 문제를 하나씩 해결해 나간다면 목표에 점점 가까워질 것입니다. 고구려를 지켜 낸 을지문덕처럼 말이지요.

을지문덕 장군 흉상
(전쟁 기념관)

제 6 호 　 삼국 시대 _ 고구려

안시성 전투
한마음으로 이룬 승리

당 태종, 연개소문 정변 구실로 고구려 침략

고구려군이 고구려 안시성에서 당군을 물리치며 역사적인 승리를 거두었다. 당 태종은 10만 명이 넘는 당군을 이끌고 안시성을 포위했으나, 고구려군의 끈질긴 저항에 부딪혀 결국 후퇴했다.

당 태종은 왕으로 즉위한 이후부터 주변 세력을 정복하며 고구려를 압박해 왔다. 고구려는 이에 맞서 천리장성을 건설하고 군사력을 강화하며 당의 침략에 대비하였다.

외교 관계자에 따르면, 당의 많은 관리들이 고구려 침공을 반대했으나 연개소문이 고구려의 영류왕을 죽이고 정권을 잡자, 당 태종이 이를 구실로 고구려 공격을 강행했다고 한다.

이에 지난해 고구려 공격을 시작한 당의 군대는 요동성, 백암성 등 고구려의 주요 성을 차례로 무너뜨린 뒤, 안시성으로 향했다. 안시성이 평양성으로 가는 길목이자 물자 보급에 유리한 곳이기 때문이다. 이 소식을 들은 연개소문은 안시성으로 지원군을 파견했으나, 당군의 유인 작전에 휘말려 패배했다. 이로써 안시성은 완전히 *고립되고 말았다.

고구려 군사와 백성이 힘을 합쳐 안시성 지켜 내

하지만 안시성은 쉽게 무너지지 않았다. 안시성의 한 주민은 "당군이 큰 돌을 날려 보내는 투석기인 포거와 성벽을 파괴하는 돌격용 수레인 충거로 공격을 퍼부었다. 고구려 군사들이 힘겹게 저항하는 모습을 그냥 바라만 보고 있을 수가 없었다. 그래서 백성들도 무너진 성벽을 수리하는 일을 도우며 당군의 공격에 맞서 싸웠다."라고 당시 상황을 전했다. 예상치 못한 저항으로 전투가 길어지자 초조해진 당군은 하루에도 몇 번씩 안시성을 공격한 것으로 알려졌다. 그럼에도 안시성을 무너뜨리지 못한 당군은 안시성 동남쪽에 흙산을 쌓아 올렸다.

당시 안시성 방어를 담당한 고구려 군사의 말에 따르면 "당의 군대가 무려 60여 일 동안 흙산을 쌓았는데 그 높이가 안시성의 성벽보다 높았다. 흙산을 높게 쌓아서 안시성을 아래로 내려다보는 유리한 위치에서 공격하려는 전략이었을 것"이라고 증언했다.

하지만 갑작스러운 폭우로 흙산이 무너져 내렸고, 이 틈을 타 고구려군이 흙산을 점령하면서 당군의 계획이 무산되고 말았다. 결국 당군은 안시성을 포위한 지 약 90일 만에 후퇴했다. 안시성 성주는 "군사와 백성이 한마음으로 저항했기에 승리할 수 있었다."라며 소감을 밝혔다.

*고립되다 다른 사람의 도움을 받지 못하여 외따로 떨어지게 되다.

| 제 6 호 | 삼국 시대 _ 고구려 |

연개소문은 영웅인가 독재자인가?

    고구려 역사에서 연개소문만큼 평가가 극과 극으로 나뉘는 인물은 별로 없을 겁니다. 누군가는 강력한 리더십을 가진 영웅이자 전략가라고 합니다. 또 누군가는 왕을 죽이고 권력을 차지한 독재자라고 하죠. 오늘은 연개소문 장군을 모시고 이야기를 들어 보겠습니다.

연개소문 장군님은 당에 강경한 외교 정책을 펼치셨는데요, 혹시 특별한 이유가 있으신가요?

    아무리 당이 힘이 세다고 해도 굽신거리고 싶지 않았네! 우리 고구려도 강한 기상을 가진 나라 아닌가? 당의 위협에 맞서 고구려를 지키기 위해 당당하게 목소리를 낸 것이라네! 다 고구려를 위한 것이었지.

큰별 인터뷰

 **당의 위협에 맞서 고구려의 자주권을 지켰다는 평가를 받고 계시지만, 고구려 영류왕을 죽이고 권력을 잡은 것에 대해서는 부정적 목소리도 있는데요?**

 사실 영류왕이 먼저 나를 죽이려고 했다네. 나한테 천리장성 축조 감독을 맡겨 놓고 은밀히 나를 제거할 계획을 세웠지. 이런 상황에서 어떻게 내가 가만히 있겠나!

 **이후 장군님께서는 고구려 최고의 관직인 대막리지가 되셨고 세 아들과 동생에게 높은 관직을 내리셨습니다. 이를 두고 권력을 독차지하고 나라를 마음대로 운영했다는 비판도 있는데요.**

 권력 욕심 때문은 아니었어. 당과의 전쟁을 앞둔 상황에서 강력한 리더십이 필요하다고 생각했지. 결과적으로 고구려는 하나로 똘똘 뭉쳐 당의 침략을 잘 막아 내지 않았나. '전쟁의 신'이라 불렸던 당 태종도 내 상대가 되지는 못했지. 하하.

 **하지만 수년간 이어진 당과의 전쟁으로 고구려는 힘을 잃었습니다. 그로 인해 고구려가 멸망했다고 평가하는 사람들도 있습니다.**

 내가 살아 있었다면 당의 침략을 끝까지 막아 낼 수 있었을 거라네. 다만 내가 한 가지 후회하는 부분은 고구려를 이끌 후계자를 제대로 기르지 못했다는 점이라네.

연개소문이 강력한 리더십으로 고구려를 이끈 것은 사실입니다. 그에게 국제 정세를 정확하게 읽어 내는 눈이 있었다면 어땠을까요? 고구려는 다른 운명을 맞이하지 않았을까요? 여기까지 큰별 기자였습니다.

제6호 삼국 시대 _ 고구려

나당 연합에 평양성 무너져
고구려 멸망의 길로

연개소문 사망 이후 고구려 지배층 분열

나당 연합군의 공격으로 평양성이 함락되면서 고구려가 *멸망했다. 수백 년간 동북아시아의 패권을 장악했던 고구려의 멸망은 국제 사회에 큰 충격을 안겨 주고 있다.

고구려는 강대국 수와 당의 연이은 침략을 막아 내며 군사 강국으로서의 모습을 보여 주었다. 하지만 오랜 전쟁으로 인해 국토가 황폐해지고 나라의 힘이 약해진 것도 사실이다.

큰별 기사

　이런 상황 속에서 신라와 당이 군사 동맹을 맺고 백제를 공격했다. 백제가 나당 연합군의 공격으로 멸망하면서 고구려도 큰 위기를 느낀것으로 알려졌다. 설상가상으로 강력한 리더십으로 나라를 이끌던 연개소문이 사망하자 고구려 지배층은 구심점을 잃고 분열하게 된 것으로 보인다.
　고구려의 한 고위 관리는 "연개소문의 아들들이 서로 권력을 차지하기 위해 싸우면서 고구려 지배층의 분열이 극심해졌다."라고 밝혔다.

고구려 백성도 저항 의지 상실해

　한 군사 전문가는 "일부 지배층이 적국에 항복하면서 고구려의 중요한 군사 정보가 나당 연합군의 손에 들어갔을 가능성이 매우 높다."라고 밝혔다. 그는 "극심한 *내분으로 고구려 정부가 제대로 된 역할을 하지 못했다. 그러다 보니 나당 연합군의 공격을 막기에는 역부족이었을 것"이라고 덧붙였다. 고구려의 백성 역시 지배층이 권력을 차지하려고 서로 싸우고 적국에 항복하는 모습을 지켜보면서 저항할 의지를 잃어버린 것으로 보인다.
　백제를 무너뜨리고 고구려를 공격할 기회만 호시탐탐 엿보던 나당 연합군은 이러한 고구려의 혼란을 틈타 대대적인 공격을 퍼부었다. 나당 연합군은 국내성을 비롯한 북방의 여러 성을 차례로 점령한 뒤, 결국 평양성까지 함락시켰다. 이로써 **고구려는 찬란했던 역사를 뒤로하고 멸망의 길로** 접어들게 되었다.

***멸망하다** 망하여 없어지다.
***내분** 내부에서 자기편끼리 일으킨 분쟁.

제6호　삼국 시대_고구려

강대국 고구려는 왜 삼국을 통일하지 못했을까?

국제적 고립을 자초한 연개소문

"고구려의 강한 힘을 믿은 나머지 국제 정세 파악 못 해"

고구려는 우리 민족의 자랑이죠. 약 700년 동안 중국과 여러 *이민족의 침략을 막아 내며 한반도와 만주를 *호령했죠. 특히 광개토 태왕 시절의 고구려는 정말 강력했습니다.

광개토 태왕은 후연, 동부여, 숙신 등 여러 나라와 민족을 정복하며 만주와 요동 지역까지 영토를 확대했죠. 이 시절 고구려는 '영락'이라는 독자적인 *연호를 사용하고 국왕을 '태왕'이라고 부를 정도로 강력한 힘을 자랑했어요.

그토록 강력한 국가였던 고구려였음에도 삼국을 통일하지는 못했어요. 여러 가지 이유가 있겠지만, 외교 정책의 실패에서 그 원인을 찾을 수 있습니다. 특히 연개소문이 다스릴 당시에는 외교의 중요성과 필요성을 전혀 느끼지 못했던 것 같아요. 장수왕과 연개소문의 외교 정책을 비교해 보면 쉽게 이해할 수 있습니다. 우선 장수왕부터 살펴볼까요?

장수왕도 아버지 광개토 태왕과 마찬가지로 영토 확장에 힘썼어요. 장수왕은 특히 남쪽으로 밀고 내려가고 싶었는데, 문제는 중국이었어요. 고구려를 호시탐탐 노리고 있는 중국과의 관계를 잘 다독이지 않으면 남쪽으로 내려갈 수 없을 테니까요. 그래서 그는 분열되어 있던 중국의 여러 나라와 좋은 관계를 만들기 위해 노력했어요.

이민족
언어나 풍습이 다른 민족.

호령하다
큰 소리로 명령하거나 힘 있는 말로 다른 사람들을 지휘하다.

연호
임금이 즉위한 해에 붙이던 칭호.

큰별 칼럼

　때때로 장수왕은 이들에게 조공까지 바치며 납작 엎드리기도 했답니다. 아니, 힘센 고구려가 이렇게까지 할 필요가 있나 싶지요. 하지만 장수왕은 항상 나라의 자존심보다는 나라의 이익을 먼저 생각했어요. 실제로 장수왕 때는 중국의 여러 나라와 큰 전쟁 없이 지낼 수 있었어요.

　그렇게 한 덕분에 장수왕은 마음 놓고 남진 정책을 펼칠 수 있었죠. **장수왕처럼 유연한 자세로 실질적인 이익을 챙기는 외교를 '균형 외교' 또는 '*실리 외교'라고 합니다.**

　그렇다면 연개소문은 어땠을까요? 642년 겨울, 신라의 김춘추가 연개소문을 만나려고 직접 평양까지 찾아간 적이 있었어요. 김춘추는 백제로부터 위협받는 신라를 지키기 위해 고구려에 구원군을 요청했지요. 이때 연개소문은 이렇게 제안합니다.

실리
실제로 얻는 이익.

| 제 6 호 | 삼국 시대 _ 고구려 |

"마목현과 죽령은 원래 고구려의 땅이니 이를 돌려준다면 군사를 내어주겠소." 이 말은 신라의 영토인 한강 유역을 고구려에게 통째로 넘겨주면 도와주겠다는 뜻입니다. 연개소문이 지나친 조건을 제시하자 김춘추는 이렇게 대답합니다. "국가의 영토는 신하가 마음대로 할 수 없습니다. 저는 감히 명령을 따를 수 없습니다."

연개소문은 김춘추가 자신의 제안을 거절하자 그를 잡아 가두고 목숨을 위협하기도 했어요. 회담은 당연히 *결렬되었지요. 백제로부터 위협을 받고 고구려에 거절 당한 신라는 결국 당과 손을 잡을 수밖에 없었어요. 훗날 고구려는 나당 연합군, 즉 신라와 당의 연합군에 패해 멸망합니다. 그리고 김춘추의 신라는 삼국 통일의 주인공이 됩니다.

당시 고구려는 정치적으로는 혼란스러웠지만, 여전히 신라와 백제보다는 강한 나라였어요. 하지만 연개소문은 고구려의 힘을 너무 *과신했어요. 그는 **국제 정세를 제대로 파악하지 못했고, 국제적 고립을 *자초했죠.** 신라와 당이 손을 잡을 경우 고구려에 어떤 위협으로 돌아올지 고민했다면 연개소문은 과연 이런 결정을 할 수 있었을까요? 만약 연개소문이 장수왕처럼 외교의 중요성을 깨달았다면, 고구려의 운명은 달라졌을지도 모릅니다.

결렬되다
서로 이야기를 나누다가 의견이 합쳐지지 않아 사이가 틀어지다.

과신하다
자기 자신이나 무언가를 지나치게 믿다.

자초하다
스스로 잘못된 상황을 만들거나 불러오다.

큰별쌤 최태성의 한국사신문

삼국 시대 _ 백제

제 7 호
한강 유역에서 백제가 성장하다

◆ 온조, 백제 건국　　◆ 근초고왕, 서기 편찬·고구려 평양성 공격

1. 주몽의 아들 온조, 십제 건국
2. 〈큰별 인터뷰〉 고구려·백제 건국의 숨은 주역, 소서노를 만나다
3. '백제의 자부심' 근초고왕 서거
4. 〈큰별 칼럼〉 '검이불루 화이불치'의 의미를 되새기다

제7호 삼국 시대 _ 백제

주몽의 아들 온조
십제 건국

온조, 한강 남쪽에 십제 건국

기원전 18년, 고구려 동명성왕(주몽)의 아들 온조가 십제(백제)를 건국했다. 그는 자신을 따르는 무리를 이끌고 한강 남쪽에 위례성을 수도로 정하고 나라를 세웠다.

온조의 어머니이자 동명성왕의 둘째 부인인 소서노는 "우리가 고구려를 떠나 남쪽으로 내려온 건 내 남편 동명성왕이 첫째 아들인 유리를 고구려의 다음 왕으로 삼았기 때문"이라고 밝혔다. 소서노는 동명성왕이 고구려를 건국할 당시 큰 역할을 한 인물이다. 동명성왕이 소서노의 두 아들 비류와 온조 대신 유리를 태자로 삼자 두 아들과 함께 고구려를 떠날 결심을 한 것으로 보인다. 전문가들은 소서노가 능동적이고 도전적인 성향이라 아들들이 고구려에 남아 권력 다툼에 휩싸이게 하는 것보다는 새로운 나라를 세우도록 하는 게 낫다고 판단했을 거라고 분석했다.

의견 충돌로 갈라선 비류와 온조

새로운 나라를 세우는 과정은 쉽지 않았던 것으로 보인다. 비류, 온조와 함께 고구려를 떠나온 신하 마려는 "수도 선택을 두고 형 비류와 아우 온조 사이에 의견 충돌이 있었다. 비류가 바닷가에 수도를 정하자고 주장하자 온조 이를 반대했다."라고 전했다. 여러 신하들은 "북쪽으로는 강이 있고, 동쪽으로는 높은 산, 남쪽으로는 넓고 비옥한 땅, 서쪽으로는 큰 바다가 있는 한강 남쪽 지역이 수도로 적합하다."라고 주장한 것으로 알려졌다. 하지만 **비류는 의견을 굽히지 않고 자신을 따르는 백성을 데리고 바닷가인 미추홀로 떠났다.** 온조는 신하들의 의견에 따라 한강 남쪽에 도읍을 정하고 십제를 세웠다. 소서노는 온조와 함께한 것으로 알려졌다.

온조왕은 "한강 유역에 자리 잡은 작은 나라들을 하나씩 통합해 나갈 것"이라고 밝혔다. 온조왕이 한강 유역의 세력과 어떻게 연합해 나갈지, 미추홀에 나라를 세운 비류는 또 어떤 모습을 보일지 관심이 집중되고 있다.

이제 십제 아닌 '백제'

비류가 미추홀에 나라를 세운 지 얼마 지나지 않아 사망한 것으로 알려져 충격을 주고 있다. 미추홀은 땅에 습기가 많고 물이 짜서 곡식이 잘 자라지 않아 백성이 살기 어려웠던 것으로 알려졌다. 비류는 자신의 잘못된 판단으로 백성을 힘들게 만들었다는 죄책감에 시름시름 앓다가 숨을 거둔 것으로 확인되었다. 온조왕은 비류의 백성을 받아들인 뒤 나라 이름을 백제로 변경한다고 발표했다.

제7호 삼국 시대 _ 백제

고구려·백제 건국의 숨은 주역, 소서노를 만나다

소서노는 고구려와 백제의 건국 과정에서 큰 역할을 한 인물입니다. 한 사람이 두 번이나 건국을 주도한 것은 우리 역사뿐만 아니라 세계사에서도 보기 드문 일입니다. 오늘은 소서노를 만나 당시 상황에 대해 들어 보겠습니다.

큰별

먼저 이 질문을 드리지 않을 수 없습니다. 유리왕은 저와의 인터뷰에서 동명성왕이 자신을 태자로 책봉한 건 어쩔 수 없는 선택이었을 거라고 말씀하셨습니다. 이 말에 동의하시나요?

소서노

동의하기 힘들군요. 저는 동명성왕이 고구려를 건국하고 주변 세력과 연합하도록 최선을 다해 도왔습니다. 거의 20년 세월이죠. 그런데 한마디

큰별 인터뷰

상의도 없이 태자 자리를 갑자기 나타난 유리에게 넘겼습니다. 이건 저에 대한 믿음을 저버린 것이지요.

이후 고구려에서의 안정된 삶을 버리고 아무것도 없는 곳에서 다시 시작하기로 결심하셨습니다. 두렵지 않으셨는지요?

전혀 두렵지 않았다고 하면 거짓말이겠지요. 그렇지만 고구려에 남아 의미 없이 남은 인생을 보내는 것보다는 아들을 왕으로 만드는 게 훨씬 낫지 않겠습니까?

정말 카리스마 넘치는 답변이네요. 그런데 수도를 정하는 과정에서 장남인 비류가 아니라 온조를 선택하셨습니다. 그 이유는 뭘까요?

우선 그런 중요한 결정은 혼자 하는 것이 아니라는 걸 말씀드리고 싶군요. 함께 고구려를 떠난 신하 열 명 모두 한강 남쪽 지역이 백성들이 정착해서 살기에 적합하다고 말했습니다. 저 역시 같은 생각이었지만 비류는 고집을 꺾지 않았어요. 진정한 리더는 모든 걸 자기 혼자 결정하지 않습니다. 다른 사람들의 의견을 잘 듣고 따를 줄도 알아야지요.

지금까지 하신 말씀을 들어 보면 고구려는 물론, 백제를 건국하는 데 결정적인 역할을 한 분이라는 생각이 듭니다. 이런 이야기가 후대에 별로 알려지지 않아서 섭섭하지는 않으신지요?

전부 저 혼자 한 일이라고는 생각하지 않지만, 저의 역할과 공이 컸다는 건 인정합니다. 이제라도 후대에 알려지고 있다니 다행입니다. 사실 역사 속에는 저와 같은 여성이 많습니다. 그들의 역할이 후대에 많이 알려지면 좋겠습니다.

소서노는 고구려와 백제 건국의 핵심 인물이자 뛰어난 개척자입니다. 소서노와 같이 역사의 기록 과정에서 소외된 인물을 발굴하고 조명하는 일은 이제 우리의 몫이 아닐까요? 여기까지 큰별 기자였습니다.

제7호 삼국 시대 _ 백제

'백제의 자부심' 근초고왕 서거

석촌동 3호분
(서울특별시 송파구)

강한 백제를 이룬 왕

　백제의 제13대 왕 근초고왕이 *서거했다. 근초고왕은 한반도 남쪽의 마한 세력 전체를 완전히 통합한 인물이다. 또 고구려의 평양성을 공격하여 고국원왕을 전사시키는 등 활발한 정복 활동으로 백제의 영토를 크게 확장한 인물이기도 하다. 그는 주변 여러 나라와 활발하게 *교류한 왕이었다. 중국 동진에서 앞선 문물을 적극적으로 받아들였고, 왜에 백제의 우수한 문화와 기술을 전파했다. 또 해상 무역을 크게 발전시켰다. 이 외에도 근초고왕은 박사 고흥에게 역사서인 『서기』를 편찬하도록 명하기도 했다.

백제의 한 고위 관리는 "근초고왕께서는 이웃 나라들이 두려워한 강력한 국가를 건설했던 왕으로 기억될 것"이라며 "근초고왕을 모실 수 있어서 영광이었다."라고 밝혔다. 백제의 한 백성은 "우리 백제 사람들은 '근초고왕 보유국'의 백성이라는 사실에 항상 자부심을 느꼈다."라고 말했다. 또 그는 "이런 훌륭한 왕은 앞으로 다시는 나오기 힘들 것 같다."라며 근초고왕의 죽음을 안타까워했다.

초대형 왕릉 축조 예상

한편, 백제 왕실은 근초고왕의 왕릉을 초대형으로 축조할 계획인 것으로 밝혀졌다. 한 왕실 고위 관계자에 따르면 "구체적인 계획을 모두 밝힐 수는 없지만, 지금으로서는 한강 유역의 돌이 많은 마을 근처에 계단식 돌무지무덤으로 조성될 것이 유력하다."라고 귀띔했다.

계단식 돌무지무덤은 돌로 계단처럼 층층이 쌓아 올린 것으로, 고구려에서도 유행하고 있는 무덤 양식으로 알려졌다.

왕릉 제작 전문가는 "백제는 고구려에서 내려온 온조왕께서 세운 나라이다. 그래서 두 나라 지배층의 무덤 양식이 비슷한 것 같다."라고 설명했다.

백제의 전성기를 이끈 근초고왕의 왕릉이 과연 어떤 모습으로 완공될지 관심이 집중되고 있다.

*서거하다 '사거하다'의 높임말로, 죽어서 세상을 떠나다.
*교류하다 문화나 사상 등을 서로 통하게 하다.

제7호 삼국 시대 _ 백제

'검이불루 화이불치'의 의미를 되새기다

백제 미의식을 통해 우리가 알 수 있는 것

"어느 한쪽으로 과하게 치우치지 않는 적당한 균형감을 중시"

검이불루 화이불치 (儉而不陋 華而不侈)

'검소하지만 누추하지 않고, 화려하지만 사치스럽지 않다'는 뜻의 이 문장은 『삼국사기』의 『백제본기』에 등장합니다. 『삼국사기』를 지은 김부식이 온조왕이 새로 지은 궁궐을 이렇게 평가했답니다. 백제 문화의 특징을 잘 보여 주는 말이에요.

삼국 시대에서 고구려가 군사 강국, 신라가 외교 강국이었다면 백제는 문화 강국이었습니다. '*검소하지만 누추하지 않고, 화려하지만 *사치스럽지 않다'는 표현에 완벽히 들어맞는 물건이나 건축물을 찾기란 오늘날에도 쉽지 않습니다. 이런 물건이나 건축물을 만나게 된다면 우리는 그것을 명품이라고 여깁니다. 드물고 희귀하며 가치 있으니까요. 아름다움의 조화와 균형을 추구하는 이러한 미의식을 백제는 지금으로부터 2,000여 년 전인 나라를 세울 때부터 가지고 있었어요. 백제가 문화 강국일 수밖에 없는 이유이지요.

검소하다
씀씀이가 헤프지 않다. 차림새가 수수하다.

사치스럽다
분수에 넘치게 호화스럽다.

큰별 칼럼

'검이불루 화이불치'라는 말은 조선 건국의 기본 *강령을 담은 『조선경국전』에도 등장합니다. 궁궐을 지을 때는 이 원칙에 따라야 하며, 이것이 진정한 아름다움이라고 이야기합니다. 백제가 가지고 있었던 미의 기준이 조선 시대까지 영향을 미쳤다는 걸 알 수 있습니다.

'검이불루 화이불치'는 절제와 균형을 상징합니다. **어느 한쪽으로 과하게 치우치지 않고, 넘치지 않을 정도의 적당한 균형감은 당시 백제인의 시대 정신이자 세상을 바라보던 관점이기도 했어요.**

사실 '검이불루 화이불치'가 담고 있는 절제와 균형의 정신은 오늘날에도 중요한 가치로 여겨집니다. 많은 사람이 *겸손과 교만 사이에서 길을 잃고는 하니까요. 지나치게 자신을 낮추다가 손해를 보기도 하고, 지나치게 자신을 드러내다가 머쓱해지기도 합니다. 겸손과 교만 사이의 균형을 잃을 때마다 '검이불루 화이불치' 정신을 떠올린다면, '선하지만 약하지 않고, 똑똑하지만 잘난 체하지 않는 태도'를 유지할 수 있지 않을까요?

강령
기본 입장이나 방침, 규범.

겸손
남을 존중하고 자기를 내세우지 않는 태도가 있음.

재현된 백제 사비궁
(백제문화단지)

| 제7호 | 삼국 시대 _ 백제 |

역사의 가르침은 모든 시대를 관통합니다. 역사 속 사람들이 살아가던 모습을 지켜보고 있노라면 우리는 세상을 바라보는 올바른 시각과 인생을 살아가는 지혜를 배울 수 있지요. 백제의 '검이불루 화이불치' 정신을 기억한다면 우리는 좀 더 절제와 균형을 지키는 품위 있는 삶을 살 수 있을 것입니다.

무령왕 금제 관식
(충청남도 공주시)

무령왕비 금제 관식
(충청남도 공주시)

큰별쌤 최태성의 한국사신문 삼국 시대 _ 백제

무령왕 백제를 다시 일으키다

◆ 무령왕, 22담로에 왕족 파견 ◆ 동성왕, 신라 왕족과 결혼하며 동맹 강화

1. 무령왕, 22담로에 왕족 파견
2. 〈큰별 인터뷰〉 동성왕이 신라 왕족과 결혼한 까닭은?
3. 〈큰별 칼럼〉 무령왕릉은 도굴되었다? 실수에서 얻는 교훈

제8호 삼국 시대 _ 백제

무령왕 22담로에 왕족 파견

지방 귀족 세력 '힘 빼기' 전략, 왕권 강화 가능성 높아져

백제 무령왕이 전국 22개 담로에 왕족을 파견한다고 밝혔다. '담로'는 백제가 지방을 효과적으로 다스리기 위해 설치한 행정 구역이다. 그동안 각 지역의 토착 세력과 귀족들이 담로를 맡아 관리하면서 독자적으로 권력을 행사하는 일이 많았다. 그래서 지방 세력의 힘이 지나치게 강해져 왕권에 위협이 되기도 했다. 이로 인해 중앙 정부의 명령이 지방에 잘 전달되지 않았고, 세금을 걷거나 군사를 동원하는 일에도 어려움

큰별 기사

이 생기게 되었다.

　무령왕은 지방 귀족의 힘을 억제하고 왕권을 강화하고자 담로의 책임자 자리에 귀족 대신 왕족을 파견하기로 결정한 것이다. 22개 담로 중 한 곳에 파견될 한 왕족은 "무령왕은 선왕인 동성왕이 귀족 세력의 공격으로 시해당했다는 사실을 잘 알고 있다."라며 "이런 비극적인 일을 막고 국력을 키우기 위해 왕권을 강화할 필요성을 느꼈을 것"이라고 전했다.

귀족 "담로제 개편 반발" VS. 백성 "담로제 개편 환영"

　무령왕의 결정에 대해 지방 토착 세력과 귀족들은 크게 반발하고 있다. 오랫동안 담로를 관리해 온 지방 귀족은 "담로는 전통적으로 귀족들이 잘 다스려 왔다. 갑자기 왜 우리를 내쫓고 왕족을 파견하려고 하는지 모르겠다. 이렇게 귀족들을 몰아붙이기만 한다면 거센 반발에 부딪히게 될 것"이라고 불만을 표시했다.

　한편, 백성들은 담로제 개편에 대해 대체로 긍정적인 반응을 보이고 있다. 무령왕은 그동안 창고를 열어 식량을 나누고, 제방을 쌓아 가뭄과 홍수에 대비하는 등, 백성의 삶을 안정시키기 위한 다양한 정책을 펼쳐 왔다. 이러한 노력 덕분에 무령왕에 대한 백성의 신뢰는 더욱 두터워졌으며, 새롭게 추진되는 담로제 개편에도 지지를 보내는 분위기이다.

　무령왕의 이번 조치는 지방 귀족의 세력을 억제하고 왕권을 회복하는 데 크게 기여할 것으로 전망된다.

제8호   삼국 시대 _ 백제

동성왕이 신라 왕족과 결혼한 까닭은?

백제 제24대 왕 동성왕이 신라 왕족의 딸과 혼인했습니다. 당시 백제 왕은 유력한 귀족 가문의 딸과 결혼하는 것이 일반적이었기 때문에, 신라 왕실과 혼인 관계를 맺은 데에는 분명 특별한 이유가 있었을 것으로 보입니다. 오늘은 동성왕을 직접 모시고 그 사연을 들어 보겠습니다.

큰별

동성왕께서는 백제가 굉장히 어려운 상황 속에서 왕위에 오르셨다고 들었습니다. 당시 상황을 설명해 주시겠습니까?

동성왕

제가 왕위에 오를 무렵, 백제는 매우 위태로웠습니다. 고구려의 공격으로 한강 유역을 빼앗겼고, 수도 한성이 함락되면서 문주왕은 수도를 웅진

큰별 인터뷰

으로 옮겼지요. 귀족들은 권력 다툼을 벌였고요. 결국 유력 귀족인 해 씨 세력이 문주왕을 시해했죠. 문주왕의 뒤를 이은 삼근왕마저 즉위 3년 만에 사망하자 진 씨 세력은 저를 왕으로 세웠습니다. 그들은 나를 허수아비로 세워 놓고 자신들이 나라를 좌지우지하려고 했을 겁니다. 하지만 저는 무너진 백제를 다시 일으키고 싶었습니다. 저는 왕권을 바로 세우고 혼란을 수습했어요.

말씀을 들어 보니 매우 혼란스러운 상황이었군요. 그렇다면 구체적으로 어떤 노력을 하셨나요?

새로운 세력을 등용하여 기존 귀족 세력을 견제했어요. 또 중국 남제와 외교 관계를 맺었지요. 신라 왕족과 혼인하여 양국의 동맹을 강화했고요.

신라 왕족과 혼인 관계를 맺어 동맹을 강화했다고 말씀하셨습니다. 이것이 나라를 안정시키는 데 어떤 도움이 되었나요?

60여 년 전 눌지왕 때 이미 고구려의 위협에 맞서 백제와 신라는 '나제 동맹'을 체결했습니다. 그 후 고구려는 백제의 수도 한성을 함락하고, 신라의 수도 금성 근처까지 접근했죠. 이러한 상황에서 백제와 신라는 동맹을 더욱 굳건히 할 필요성을 느끼게 되었습니다. 그 결과, 신라 왕족과 혼인하게 된 것입니다. 이후 양국은 고구려의 공격이 있을 때마다 서로 지원군을 파견하며, 함께 힘을 모아 고구려군을 효과적으로 막아 낼 수 있었습니다.

동성왕은 백제의 혼란을 수습하려고 부단히 노력했던 것 같습니다. 그러한 노력이 있었기에 무령왕 때 다시 백제가 안정을 되찾고 발전할 수 있었던 거라는 생각이 드네요. 여기까지 큰별 기자였습니다.

제8호 삼국 시대_백제

무령왕릉은 도굴되었다? 실수에서 얻는 교훈

무령왕릉 발굴은 실수와 실패를 딛고 일어난 성장 이야기

"무령왕릉 발굴 이후 우리나라의 발굴 수준 획기적으로 개선"

일본은 일제 강점기를 거치며 최소 10만여 점에 이르는 우리 문화유산을 수집 또는 약탈했어요. 경주, 부여, 공주, 평양 등 전국 곳곳에서 무단으로 *도굴하여 수많은 문화유산을 마구잡이로 *반출해 갔지요. 백제 웅진 시기의 왕과 왕족의 무덤이 모여 있는 공주 왕릉원 역시 예외는 아니었어요. 공주 왕릉원에 남아 있던 무덤 6개가 모두 도굴된 채 발견되었죠. 발견 당시 무덤의 주인이 누군지 알 수 없어서 무덤의 이름이 숫자로 정해졌어요. 그런데 그곳에서 도굴되지 않은 무덤이 하나 발견되었습니다. 바로 무령왕릉이었어요.

1971년 7월, 장마철을 대비해 공주 왕릉원 무덤 6개의 내부에 빗물이 스며드는 것을 막는 배수로 공사를 하다가 우연히 무령왕릉을 발견했어요. 그때까지만 해도 무령왕릉은 무덤 6개 주위를 감싸고 있는 언덕으로 알려져 있었답니다. 그 덕분에 무령왕릉은 도굴꾼의 만행을 피할 수 있었어요.

도굴된 흔적이 없는 온전한 상태의 무덤이 발견되자 세상이 술렁거렸어요. 입구를 막고 있던 벽돌을 빼내자 하얀 연기가 흘러나왔습니다. 이는 그동안 무덤이 외부와 완벽하게 차단되었음을 보여 주는 증거였어요.

도굴하다
관리자의 승낙을 받지 않고 고분 등을 파거나 광물을 캐내다.

반출하다
밖으로 내보내다.

큰별 칼럼

1,500년 전의 공기와 20세기의 공기가 만나는 순간이었지요.

더 놀라운 사실은 무덤 안에 무덤의 주인과 무덤을 만든 시기를 새긴 돌판, 즉 지석이 있었다는 거예요. 지석에는 이렇게 쓰여 있었어요.

> "영동대장군이신 백제의 사마왕은 62세가 되던 해에 돌아가셨다."

'사마'는 무령왕의 이름이에요. 왕릉 주인이 누구인지 정확히 확인된 거였어요. 백제 왕릉급 무덤이 발견되었다는 소식을 들은 기자들과 구경꾼이 구름처럼 몰려들었어요. 왕릉 무덤 입구가 열리자 기자들이 앞다투어 사진을 찍겠다고 나섰어요. 그러한 상황에서 누군가 청동 숟가락을 밟아 부러뜨리기도 했지요. 무령왕릉 발굴단은 유물의 훼손을 막으려고 밤새 유물을 밖으로 꺼냈고, 단 하루 만에 발굴 작업을 종료했어요.

| 제8호 | 삼국 시대 _ 백제 |

 무령왕릉 발굴은 한국 고고학 역사상 최대 성과인 동시에 최악의 실수로 기록되고 있어요. 무령왕릉 발굴에 참여했던 한 학자는 "체계적인 준비 없이 왕릉 발굴을 하룻밤 만에 해치운 것은 씻을 수 없는 실수이다. 고고학자로서 있을 수 없는 일이며 사실상 도굴이나 마찬가지였다."라고 회고하기도 했지요.

 무령왕릉 발굴 때의 실수와 실패를 디딤돌 삼아, 이후 우리나라의 발굴 수준은 획기적으로 개선되었습니다. *천마총과 *황남대총을 발굴할 때는 철저히 준비하여 성공적으로 발굴을 마쳤지요. 이제 우리나라의 고고학 수준은 개발도상국에 발굴 및 보존 노하우를 전수해 줄 정도로 높아졌습니다.

 무령왕릉 발굴 이야기는 우리가 실패 경험을 단순히 실수로 끝내지 않는 것이 얼마나 중요한지 알려 줍니다. 성장의 기회로 삼는다면, 실수와 실패, 그리고 그로 인한 고통도 충분히 가치가 있다는 사실을 기억하면 좋겠습니다.

천마총
경주시에 있는 신라의 왕릉급 고분. 현재 대릉원 안의 여러 왕릉급 무덤 중 유일하게 발굴 후 내부를 일반에 공개하고 있다.

황남대총
경주시에 있는 신라 돌무지덧널무덤 중 최대급에 해당하는 왕릉이며, 왕의 무덤에 왕비의 무덤을 덧붙여 만든 쌍무덤이다.

무령왕릉 널방
(충청남도 공주시)

큰별쌤 최태성의 한국사신문 · 삼국 시대 _ 백제

제 9 호

성왕과 무왕 강한 백제를 꿈꾸다

◆ 성왕, 사비 천도·한강 하류 지역 일시 회복 ◆ 무왕, 미륵사 건립

1. 성왕 사비 천도, '백제 시즌 2' 선언
2. 〈큰별 인터뷰〉 신라에 뒤통수 맞은 성왕의 심경 고백
3. 〈큰별 광고〉 백제 금동 대향로 대공개
4. 무왕, 초대형 사찰 미륵사 창건! 금마저 신도시 건설 시동
5. 〈큰별 칼럼〉 「서동요」는 가짜 뉴스인가? 서동의 전략인가?

제9호 　삼국 시대 _ 백제

성왕 사비 천도 '백제 시즌 2' 선언

백제, 웅진에서 사비로 천도

538년, 백제 성왕이 사비로 수도를 옮기고 나라 이름을 남부여로 변경하였다. 백제는 지난 475년 고구려에 한성이 함락되며 웅진으로 수도를 옮긴 바 있다. 그 후로 60년 만에 다시 천도를 단행한 것이다.

성왕은 천도 기념 기자회견에서 "웅진으로 천도할 때와 지금은 상황이 전혀 다르다. 앞선 왕들의 노력으로 백제가 안정을 되찾고 국력을 회복한 만큼 '강한 백제'에 어울리는 수도가 필요하다."라고 밝혔다.

웅진은 주변이 산으로 둘러싸여 있어 방어에는 유리했지만 땅이 좁아서 늘어나는 인구와 물자를 감당하는 데 어려움이 있었다. **그런 반면에 사비는 넓은 평야가 펼쳐져 있어 풍요로운 농산물 생산이 가능할 것으로 보인다. 또 사비 주변으로 흐르는 백강이 서해와 이어져 대외 교류에도 훨씬 유리할 것으로 평가된다.**

천도를 결정하는 과정에서 몇몇 귀족의 반대가 있었지만 성왕은 이들을 끈질기게 설득하며 착실하게 천도를 준비해 온 것으로 알려졌다.

백제의 한 고위 관리는 "수도를 옮기는 건 도시 하나를 새로 만드는 일이기 때문에 엄청난 시간과 비용과 노력이 들어간다."라면서도 "백제가 더 성장하기 위해서 사비 천도는 꼭 필요한 일이었다."라고 밝혔다.

'남부여'라는 이름으로 새출발

한편 성왕은 천도 기념 기자회견에서 나라 이름을 '남부여'로 변경한 이유에 대해서도 밝혔다. 성왕은 **"건국 이후 한 번도 바뀌지 않았던 나라 이름을 '남부여'로 바꾼 것은 백제가 고구려와 마찬가지로 부여에 뿌리를 두고 있는 나라임을 강조한 것"**이라고 설명했다. 이에 덧붙여 성왕의 핵심 측근인 한 참모는 "백제가 국호를 바꾼 것은 이제부터 고구려와 본격적으로 경쟁하겠다는 의지를 표현한 것"이라고 밝혔다. 또 그는 "이제 고구려에 빼앗긴 한강 유역을 되찾아 오는 작업을 적극 추진할 것"이라고 귀띔했다.

제9호   삼국 시대 _ 백제

신라에 뒤통수 맞은 성왕의 심경 고백

백제 성왕은 신라 진흥왕과 연합하여 고구려로부터 한강 하류 지역을 되찾습니다. 그러나 기쁨도 잠시, 2년 만에 신라에게 다시 한강 하류 지역을 빼앗기고 말지요. 과연 어떤 상황이었는지 성왕을 모시고 자세히 들어 보겠습니다.

큰별

성왕께서는 무려 76년 만에 고구려에 빼앗긴 한강 하류 지역을 되찾아 오셨습니다. 그때 상황부터 설명해 주시겠습니까?

성왕

저는 수도를 사비로 옮긴 이후, 한강 유역을 되찾을 기회를 끊임없이 엿보고 있었습니다. 그러던 중 고구려가 정치적 혼란으로 외부 방어에 느슨

큰별 인터뷰

해졌다는 소식을 듣게 되었죠. 저는 곧바로 신라의 진흥왕에게 연락해 고구려를 함께 치자고 제안했습니다. 백제와 신라 연합군은 고구려를 공격했고, 그 결과 백제는 한강 하류 지역을, 신라는 한강 상류 지역을 차지할 수 있었죠. 어찌나 기쁘던지!

그런데 예상치 못한 일이 발생했죠. 무려 120여 년간 동맹 관계를 유지했던 신라에 뒤통수를 맞고 말았는데요.

맞습니다! 신라 진흥왕이 나제 동맹을 단번에 깨 버리고 백제를 공격하여 백제가 차지한 한강 하류 지역을 빼앗아 버렸어요. 믿는 도끼에 완전히 발등을 찍힌 거죠.

마지막으로 신라 진흥왕에게 한마디 하신다면요?

패자가 무슨 할 말이 있겠습니까? 분노를 이기지 못하고 다짜고짜 신라에 복수를 하겠다고 군사를 일으킨 제 잘못이지요. 관산성에서 백제군은 신라군에 크게 패했어요. 백제는 무려 3만여 명에 이르는 군사가 전사하는 엄청난 피해를 입고 말았죠. 그 후 백제는 크게 흔들리게 되었습니다.

백제 성왕에게는 신라 진흥왕이 120년 넘게 지속된 동맹을 저버린 배신자겠죠. 그러니 곧바로 신라를 공격하지 않았을까요? 안타깝게도 성왕은 관산성 전투에서 목숨을 잃고 말았습니다. 하지만 신라의 입장에서 생각해 보면, 진흥왕도 나라의 이익을 위해 최선을 다한 것은 아닐까요? 국제 관계에서는 영원한 동맹도, 영원한 적도 없으니까요. 여기까지 큰별 기자였습니다.

제9호 　삼국 시대 _ 백제

백제 금동 대향로 대공개

세상에 단 하나뿐인 향로!
백제인의 탁월한 미적 감각과
정신 세계가 함축된 금동 대향로를 공개합니다.
백제 예술의 결정체를 눈으로 직접 확인하세요.

날짜 위덕왕 13년 7월 00일
장소 사비 도성 외곽 능산리 왕실 사찰

큰별 광고

알아 두면 더 재미있는
★ 백제 금동 대향로 감상 포인트 ★

- 백제 금동 대향로는 왕실의 제사 때 향을 피우기 위해 제작된 것으로, 높이 64 cm, 무게 11.8 kg에 달하는 대형 향로입니다.
- 향로에는 도교와 불교 사상이 어우러진 백제인의 이상 세계가 표현되어 있습니다.

② 날개를 활짝 펼친 봉황이 여의주를 품고 있는 모습이다.

③ 도교의 신선 세계를 표현했다. 산봉우리에는 다섯 명의 악사를 비롯하여 동물, 신선 등이 새겨져 있다.

① 향을 꽂아 불을 붙인 뒤 뚜껑을 닫으면 12개 구멍으로 연기가 새어 나온다.

④ 불교에서 신성하게 생각하는 연꽃을 표현했으며, 연꽃잎 사이에는 사람과 동물을 새겨 놓았다.

⑤ 용이 연꽃 봉오리를 물고 있는 모습이다.

백제 금동 대향로 (국립 부여 박물관)

제9호 　삼국 시대 _ 백제

무왕, 초대형 사찰 미륵사 창건!
금마저 신도시 건설 시동

금마저에 호국 사찰 미륵사 창건

　백제 무왕이 금마저에 신도시 건설 프로젝트를 추진하고 있다. 금마저는 비옥한 평야가 펼쳐져 있고 주변에 산이 둘러싸여 있어 *외적 방어에도 유리하다.

　이미 무왕은 금마저에 백제 최대 규모의 호국 *사찰인 미륵사를 창건한 바 있다. 당시 무왕은 "나라의 힘을 하나로 모으고 왕실의 안녕을 기원하며 백제의 위상을 널리 알리고자 미륵사를 지었다."라고 밝혔다. 미륵사 건축에는 백제 최고의 건축가 및 공예 전문가들이 총동원된 것으로 알려졌다.

또 무왕은 이 지역에 커다란 왕궁과 관련 기반 시설을 만들라고 지시한 것으로 알려졌다. 이처럼 무왕이 막대한 자금과 인력을 동원하여 금마저에 신도시를 건설하려는 이유에 대한 각계각층의 다양한 분석이 나오고 있다.

금마저 개발, 왕권 강화 목적 가능성 높아

전문가들은 금마저 신도시 건설 배경에는 왕권을 강화하려는 목적이 있을 것으로 분석하고 있다. 한 정치 분야 전문가는 **"금마저를 또 다른 수도로 삼아 사비를 기반으로 하고 있는 사비 출신 귀족 세력을 견제하고 왕권을 강화하려는 의도**가 엿보인다."라고 밝혔다.

사비 출신의 한 귀족 역시 "실제로 무왕이 백제의 수도를 사비에서 금마저로 옮기려는 계획을 세우고 있는 것 아니냐는 말이 나오고 있다."라고 했다. 그러면서 "수도를 옮긴다는 게 그렇게 쉽지만은 않을 것"이라고 덧붙이기도 했다.

한편, 금마저 신도시 건설 계획을 담당하고 있는 왕실 관계자는 "무왕께서 고향인 금마저에 남다른 애정을 보이는 건 어찌 보면 당연한 일"이라고 다른 의견을 내놓았다. 그는 또 "무왕께서는 금마저를 백제의 정치, 경제, 문화의 중심지로 만들어 이곳을 중심으로 나라를 경영해 나갈 계획인 것 같다."라고 귀띔했다.

***외적** 외국에서 쳐들어오는 적.
***사찰** 불교에서 스님이 기도하고 공부하며 머무는 절.

제9호 삼국 시대 _ 백제

「서동요」는 가짜 뉴스인가? 서동의 전략인가?

서동은 어린 시절 어머니와 함께 사비의 남쪽 연못가에 살았다. 마를 캐어 장에 내다 팔며 살던 서동은 어느 날 신라 진평왕의 셋째 딸인 선화공주가 아름답다는 소문을 듣고, 아내로 삼고 싶다고 생각했다. 그는 신라의 수도 금성으로 가서 동네 아이들에게 마를 공짜로 나눠 주면서 이 노래를 따라 부르게 했다.

"선화공주님은 아무도 모르게 시집을 가서

남편 서동을 밤에 몰래 안고 잔대요."

이 노래는 아이들의 입에서 입으로 전해지며 순식간에 도성 안에 퍼졌고, 진평왕의 귀에까지 들어가고 말았다. 화가 난 진평왕은 선화공주를 궁궐 밖으로 내쫓았다. 이를 예상했던 서동은 선화공주를 기다리고 있다가 모시고 가겠다고 했다. 선화공주는 그가 누군지 몰랐지만 왠지 마음에 들어 따라갔고, 나중에 서동의 이름을 알게 되었다. 둘은 백제로 가서 결혼했고, 이후 서동은 백제의 왕이 되었다.

큰별 칼럼

「서동요」와 그에 얽힌 이야기는 『삼국유사』에 기록되어 오늘날까지 전해지고 있습니다. 이야기의 주인공 서동은 훗날 백제의 제30대 임금이 된 무왕입니다. 물론 이 이야기는 역사적 사실이라기보다는, 당시 사회 분위기와 상상력이 덧붙여진 *설화로 보는 것이 일반적입니다.

이 이야기에서 이런 궁금증이 생깁니다. 만약 서동이 지금 우리와 같은 시대를 살아가는 인물이라면 어떨까요? 그리고 지금 「서동요」와 같은 노래를 만들어 부른다면, 어떤 일이 벌어질까요?

설화
각 민족 사이에 전승되어 오는 신화나 전설.

| 제9호 | 삼국 시대 _ 백제 |

유언비어
확실하지 않은 말이나 거짓말을 마치 진짜처럼 퍼뜨리는 말.

허위 사실 유포
사실이 아닌 거짓말을 진짜처럼 말하는 것.

명예 훼손
거짓말이나 나쁜 말을 해서 다른 사람의 명예(좋은 평판이나 이름)를 망가뜨리는 일.

스토킹
상대방이 싫다고 해도 계속 따라다니거나, 지켜보거나, 연락을 해서 괴롭히는 행동.

 이 노래는 선화공주가 부적절한 행동을 일삼는다는 내용을 담고 있어요. 게다가 서동은 아무것도 모르는 아이들에게 마를 나눠 주며 헛소문을 퍼뜨리게 했지요. 서동이 지금 시대 사람이라면 가짜 뉴스를 퍼트린 사람이 되었을지 모릅니다. 지금으로 치면 선화공주에 대한 *유언비어를 미성년자에게 소셜미디어나 인터넷 게시판에 올리게 한 것과 마찬가지입니다. 명백한 범죄 행위이지요. 따라서 서동이 우리와 같은 시대에 살았다면 *허위 사실 유포 및 *명예 훼손, *스토킹 행위 등의 혐의로 처벌받았을 가능성이 매우 큽니다.

 다시 그 시대로 돌아가 이야기해 본다면, 진평왕은 가짜 뉴스에 속아 결국 딸을 궁 밖으로 내쫓는 결정을 내리고 말았던 것입니다. 서동이 지어낸 노래가 사회 곳곳에 널리 퍼지면서, 선화공주는 실제로 부적절한 행동을 한 사람처럼 여겨지게 되었습니다. 결국 진평왕도 선화공주에 대한 부정적인 여론을 무시할 수 없었던 것이죠.

 우리는 그동안 「서동요」를 서동과 선화공주의 사랑 이야기로만 여겼어요. 하지만 관점을 달리해서 들여다보면 마냥 웃어넘길 수만은 없는 이야기가 됩니다. 늘 경각심을 가지고 다양한 관점에서 바라보려고 노력하는 것, 우리가 역사를 공부하면서 잊지 말아야 할 자세입니다.

큰별쌤 최태성의 한국사신문   삼국 시대 _ 백제

제 10 호   백제 멸망의 길을 걷다

◆ 의자왕, 신라의 40여 개 성 함락   ◆ 계백, 황산벌 전투에서 사망   ◆ 백제 멸망

1. 의자왕 지지율 급락, 국정 소홀로 민심 외면
2. 〈큰별 인터뷰〉 황산벌 전투를 앞둔 계백을 만나다
3. 백제 678년 역사에 마침표. 의자왕, 나당 연합군에 항복
4. 〈큰별 칼럼〉 의자왕과 삼천궁녀의 진실

제 10 호　　삼국 시대 _ 백제

의자왕 지지율 급락
국정 소홀로 민심 외면

의자왕 지지율 '빨간불' 그 이유는?

　한때 '해동증자'라 불리며 백성들의 호감을 샀던 의자왕의 지지율에 최근 빨간불이 켜졌다. '해동증자'란 '바다 건너 동쪽에 있는 나라(백제)의 증자'라는 뜻으로, 의자왕이 공자의 제자인 증자만큼 효심이 깊고 지혜롭다는 의미에서 붙은 별명이다. 그러나 **집권 15년을 넘기면서 의자왕의 인기는 급락했다.**

　최근 실시된 의자왕 지지율 조사에 따르면 '지지하지 않는다'고 대답한 백성이 '지지

한다'고 대답한 백성의 두 배에 달했다. 이는 의자왕 즉위 이후 가장 큰 격차이다.

지지율 하락의 주요 원인 중 하나로 의자왕이 자신의 아들 41명을 백제 최고 관직인 좌평으로 임명한 것이 지목되고 있다. 의자왕의 측근 위주로 인사 정책을 펼친 것이 백성들의 불만을 키운 것이다.

향락에 빠져 국정에 소홀하다는 소문 파다해

의자왕은 즉위 후 사형수를 제외한 모든 죄수를 특별 *사면하고 지방을 돌아보며 백성을 위로하는 등 민심을 돌보았다. 그는 또 무왕의 뜻을 이어받아 집권 초기부터 신라를 공격했다. 그 덕분에 무려 40여 개나 되는 신라의 성을 함락시켰다. 또 고구려와의 오랜 적대 관계를 청산하고 동맹을 맺는 등 눈에 띄는 외교 성과를 거뒀다.

이러한 정책들을 바탕으로 의자왕은 집권 초기부터 백성들과 신하들에게 전폭적인 지지를 받아 왔다. 하지만 최근 의자왕은 집권 초기와는 완전히 다른 모습을 보이고 있다.

사비궁을 자주 드나드는 백제의 한 하급 관리는 "최근 궁 안에서 들리는 소문이 심상치 않다."라며 "의자왕이 술과 *향락에 빠져 국정을 돌보는 일을 소홀히 하고 있다는 건 이미 알 만한 사람은 다 알고 있는 사실"이라고 귀띔했다.

이에 대해 백제의 한 고위 관리는 "**집권 초기부터 신라와의 전투에서 연이어 승리하고, 이런저런 정책까지 성공을 거두면서 의자왕이 자만에 빠진 것**"이라고 말했다. 또 다른 관리는 "자식 41명을 좌평에 앉히고 땅을 선물로 주었는데 그 땅이 다 어디서 났겠느냐. 백성 아니면 귀족의 땅을 빼앗았다는 것인데 민심이 돌아선 것은 당연하다."라는 의견을 내놓기도 했다.

***사면** 죄를 지은 사람이 벌을 받지 않도록 나라에서 특별히 용서해 주는 일.
***향락** 쾌락을 누림.

제 10 호   삼국 시대 _ 백제

황산벌 전투를 앞둔 계백을 만나다

    660년, 나당 연합군이 백제로 쳐들어왔습니다. 신라의 김유신이 이끄는 5만 대군이 백제의 전략적 요충지인 황산벌까지 진군해 왔다고 합니다. 의자왕은 계백 장군에게 황산벌을 지키라는 중대 임무를 맡겼습니다. 하지만 계백에게 주어진 병력은 고작 5,000명뿐. 그는 압도적 열세에도 불구하고 나라를 지키고자 출전을 결심했습니다. 지금부터 전투에 임하는 계백 장군의 각오를 들어 보겠습니다.

큰별

지금 황산벌에 주둔한 신라군은 5만 명으로 알려져 있습니다. 하지만 계백 장군님께는 군사가 고작 5,000명뿐입니다. 과연 승산이 있을까요?

계백 장군

    전투에 임하는 병사들 앞에서 어찌 그런 말을 하는가! 우리가 불리한 상황인 건 틀림없다네. 그러나 중국 월나라 왕은 5,000명 군사로 70만 오나라 대군을 쳐부순 적이 있다 하였지. 우리 5,000명 결사대도 최선을 다해 싸운다면 반드시 승리할 수 있다네.

큰별 인터뷰

과연 기백이 넘치시는군요! 의자왕께서 황산벌 전투의 지휘관으로 왜 계백 장군님을 임명하셨는지 이해됩니다. 어떤 전략으로 싸우실 건지 살짝 공개해 주실 수 있나요?

신라의 김유신은 제법 훌륭한 장군이라고 들었네. 하지만 황산벌의 지형은 우리 편일 것이야. 황산벌에 진영을 3개 설치하고 서로 돕는 형세로 신라군에 맞설 거라네. 무엇보다 우리 병사들은 죽음을 각오하고 전쟁에 임하고 있네. 나 역시 사랑하는 가족을 하늘로 떠나보내고 이 자리에 섰네.

잠시만요. 가족을 하늘로 보냈다는 게 무슨 말씀이신가요?

조금 전, 나는 사랑하는 아내와 아이들을 내 손으로 떠나보내고 이 자리에 나왔네. 신라와 당 연합군의 공격으로 백제가 무너질 수도 있지 않은가! 나는 우리 가족이 적에게 붙잡혀 치욕을 당하는 것보다, 차라리 내 손에 죽는 것이 더 낫다고 생각했네.

마음이 아픕니다. 장군님께서는 조금 전까지만 해도 반드시 승리할 수 있다고 말씀하셨습니다. 그런 극단적인 선택을 할 필요가 있었을까요?

사실, 나뿐만 아니라 우리 병사들도 이번 황산벌 전투가 마지막이 될 수 있음을 잘 알고 있다네. 한 나라의 운명을 짊어진 장수라면 그 길이 벼랑 끝으로 이어진다는 걸 알면서도 가야 할 때가 있는 법이라네. 이대로 포기하고 항복할 수는 없지 않은가.

계백 장군의 극단적인 선택이 옳았는가에 대해서는 의견이 분분합니다. 하지만 죽음을 각오하고 황산벌 전투에 나서는 장군의 나라를 사랑하는 마음과 용기만큼은 후세에 길이 빛날 것입니다. 여기까지 큰별 기자였습니다.

제 10 호   삼국 시대 _ 백제

백제 678년 역사에 마침표
의자왕, 나당 연합군에 항복

나당 연합군의 공격에 백제 무너져

나당 연합군의 공격으로 백제의 수도 사비성이 함락되었다. 백제군은 신라군 5만과 당의 13만 대군에 맞서 끝까지 싸웠다. 그러나 사비성이 함락되고 의자왕이 항복하면서 678년 동안 이어져 온 백제의 역사는 막을 내렸다.

백제에서 외교를 담당하던 한 고위 관리는 "의자왕 집권 후기에 접어들면서 백제의 국력이 크게 약해졌다는 건 모두가 알고 있는 사실"이라며 "신라와 당이 이 틈을 노려 공격해 올 거라는 건 불 보듯 뻔한 일이었다."라고 밝혔다.

4년 전, 백제의 좌평 성충이 향락에 빠진 의자왕에게 *간언하자 의자왕이 그를 감옥에 가둔 일이 있었다. 성충은 감옥에서 죽음을 앞두고 의자왕에게 "적의 공격에 대비해 군사 요충지인 기벌포와 탄현을 지켜야 한다."라는 글을 올렸다. 그러나 당시 의자왕은 전혀 귀담아듣지 않았다고 전해진다.

얼마 전, 실제로 신라군과 당군이 기벌포와 탄현을 통해 백제로 들어오자 의자왕은 크게 당황한 것으로 알려졌다.

의자왕, 결국 당 낙양으로 압송 당해

의자왕은 신라군을 막기 위해 계백 장군과 5,000명 결사대를 황산벌로 보낸 것으로 알려졌다. 백제군은 황산벌에서 10배가 넘는 신라군에 맞서 네 차례나 승리를 거두었다. 그러나 압도적인 병력의 차이를 극복하기에는 역부족이었다. **결국 백제군은 황산벌 전투에서 패했고, 계백 장군은 전사했다.**

황산벌 전투에서 승리한 신라군은 기세를 몰아 사비성으로 진격했다. 신라군은 기벌포에 상륙한 당의 대군과 합류해 사비성을 *포위했다. **의자왕은 옛 수도 웅진으로 도망가 나당 연합군에 맞서려 했지만, 웅진의 방어 책임자가 배신하면서 나당 연합군에 항복했다.**

의자왕은 항복 직후 당의 소정방과 신라의 김유신 등에게 술을 따라 올리는 굴욕을 당했다고 전해진다. 의자왕은 왕족, 신하, 백성들과 함께 당으로 끌려간 것으로 알려져 안타까움을 사고 있다.

---

*간언하다 윗어른이나 임금에게 옳지 못하거나 잘못된 일을 고치도록 말하다.
*포위하다 어떤 장소나 사람을 사방에서 둘러싸서 도망가지 못하게 하다.

제10호 삼국 시대 _ 백제

의자왕과 삼천궁녀의 진실

역사는 승자의 기록

"역사를 공부할 때는 비판적인 사고를 갖추고 다양한 관점으로 바라봐야"

우리가 역사를 대할 때 반드시 생각해야 할 것이 있어요. 역사가 기록될 때 승자의 입장이 더욱 반영될 수밖에 없다는 사실입니다. 승자는 선하고 영웅적인 인물로 묘사되고, 패자는 초라하게 그려지기 마련이지요. 그래야 자신들의 승리가 더욱 돋보이고, 승리의 *명분까지 챙길 수 있거든요.

그 대표적인 예가 백제를 멸망에 이르게 한 의자왕에 대한 기록입니다. 우리는 '의자왕'이라고 하면 자연스럽게 '삼천궁녀'를 떠올리지요. 백제의 마지막 수도였던 사비, 그러니까 지금의 충남 부여의 부소산에는 낙화암이라는 높은 절벽이 있습니다. 우리가 알고 있는 삼천궁녀 이야기의 배경이 되는 곳이에요. **나당 연합군에 의해 사비성이 함락되자, 의자왕의 후궁과 궁녀 3,000명이 절벽에 올라 백마강에 스스로 몸을 던졌다는 이야기**가 전해지는 곳이지요.

그런데 그곳에 직접 올라가 보면 고개가 갸우뚱해집니다. 기본적으로 3,000명이나 되는 많은 사람이 올라갈 수 있는 공간이 없거든요. 또 낙화암 밑으로 흐르는 백마강은 그렇게 많은 사람이 떨어져 죽을 수 있을 만큼 *수심이 깊지도 않지요. 게다가 당시 사비성의 인구나 왕궁 터의 면적

명분
일을 꾀할 때 내세우는 구실이나 이유.

수심
강이나 바다, 호수 따위의 물의 깊이.

큰별 칼럼

을 고려해 볼 때 의자왕이 3,000명씩이나 궁녀를 거느렸다는 건 애초에 말이 안 되는 이야기입니다.

그런데 왜 우리는 삼천궁녀 이야기를 마치 역사적 사실처럼 알고 있을까요? 『삼국사기』에는 의자왕이 '사치가 심하고 방탕하여 나랏일을 돌보지 않는다'고 묘사되어 있습니다. 물론 실제로 그랬을 수도 있겠지요. 그렇지만 나라를 멸망에 이르게 한 왕이었기 때문에 역사를 기록할 때는 업적보다는 *과오를 부각할 수밖에 없었을 거예요.

실제로 의자왕이 당으로 끌려갈 때 많은 백제 백성이 눈물을 흘렸다고 전해집니다. 의자왕이 몹시 무능한 왕이기만 했다면 백성이 그렇게 슬퍼했을까요?

과오
실수하거나 잘못한 일.

제10호 삼국 시대 _ 백제

의자왕과 삼천궁녀의 이야기는 조선 시대 민제인이 쓴 「백마강부」라는 시에서 처음 등장합니다. **백제의 멸망을 좀 더 극적으로 묘사하려고 '삼천궁녀'라는 표현을 사용한 것**이 지금까지 전해지는 것이지요.

따라서 우리는 역사를 공부할 때 항상 *비판적인 사고를 바탕으로 다양한 관점에서 바라보아야 합니다. 이는 단순히 역사 공부에만 *국한되지 않아요. 현대 사회에서 접하는 다양한 정보를 평가하는 데에도 필요한 능력이랍니다.

비판적
현상이나 사물의 옳고 그름을 판단해 밝히거나 잘못된 점을 지적하는 것.

국한되다
범위가 일정한 부분에 한정되다.

낙화암(충청남도 부여군)

큰별쌤 최태성의 한국사신문 　　　　　　　　　　　삼국 시대 _ 신라

제 11 호
6개 촌락이 연합해 사로국이 탄생하다

◆ 박혁거세, 사로국 건국　　◆ 박·석·김 씨 교대로 왕위 계승

1. 박혁거세, 사로국 초대 거서간 등극!
2. 〈큰별 인터뷰〉 박혁거세·석탈해·김알지, 신라 시조 3명을 만나다

제11호 삼국 시대 _ 신라

박혁거세, 사로국 초대 거서간 등극!

박혁거세, 초대 '거서간'으로 추대

기원전 57년, 박혁거세가 한반도 남동부 진한 일대의 여섯 마을을 대표하는 거서간 자리에 오르며 사로국을 건국했다. '거서간'은 진한 지역의 말로 '우두머리' 또는 '존귀한 사람'이라는 뜻이다. 양산촌 촌장은 "사로 6촌이라 불리는 양산촌, 고허촌, 진지촌, 대수촌, 가리촌, 고야촌 여섯 마을은 예전부터 한 나라가 되기를 희망했다. 왕이 될 인물이 없어 고민하던 차에 박혁거세가 태어났다. 그를 왕으로 삼아 사로국을 건국했다."라고 전했다. 박혁거세 거서간 취임식에 참석한 사로 6촌 촌장들은 거서간을 중심으로 똘똘 뭉쳐 사로국의 세력을 키우는 데 최선을 다하겠다고 밝혔다.

알에서 태어난 탄생 이야기 화제

한편 여섯 마을의 촌장들이 13세에 불과한 박혁거세를 거서간으로 추대한 배경에도 관심이 쏠리고 있다. 고허촌 촌장 소벌공은 박혁거세가 '나정'이라는 우물 근처에서 발견된 커다란 알에서 태어났다고 증언했다. 소벌공은 당시 상황에 대해 "우물 옆에 하얀 말이 무릎을 꿇고 앉아 울고 있는 것을 발견했다. 신기해서 가까이 다가가 보니 말은 사라지고 신비로운 기운이 뿜어져 나오는 커다란 알만 덩그러니 놓여 있었다."라고 전했다. 또 그는 "알을 깨 보니 안에서 어린아이가 나와 정성을 다해 길렀다. 남들보다 훨씬 빨리 자라서 금세 성숙한 모습을 갖추었다."라고 덧붙였다.

이에 다른 마을의 촌장들은 아이가 커다란 박처럼 생긴 알에서 태어났다고 해서 성을 '박'으로, 빛으로 세상을 다스린다는 뜻을 담아 이름을 '혁거세'로 지은 것으로 알려졌다. 진지촌 촌장은 **"여섯 촌장은 박혁거세의 탄생이 신비롭고 기이하다고 여겨 그를 받들어 존경해 왔다. 하늘이 내려준 지도자라고 생각해 초대 거서간으로 추대하게 됐다."**라고 덧붙였다.

 ★ 큰별 단신

박혁거세 부인 알영
계룡의 겨드랑이에서 태어났다?

박혁거세의 부인 알영의 탄생 이야기도 화제가 되고 있다. 알영은 '알영정'이라는 우물에 나타난 용의 오른쪽 옆구리에서 태어난 것으로 알려졌다. 이를 목격한 할머니는 "그때 지나가다가 얼결에 여자아이를 받아서 키웠다. 아이가 덕이 있고 아름답게 자랐다. 예사로운 인물은 아니라고 생각했지만 거서간의 부인이 될 줄은 꿈에도 몰랐다."라고 전했다.

제11호 | 삼국 시대 _ 신라

박혁거세·석탈해·김알지 신라 시조 3명을 만나다

신라에는 박혁거세 외에도 석탈해와 김알지의 시조 설화가 전해집니다. 왜 신라에는 여러 시조 설화가 존재하는지 신라 박·석·김 씨의 시조이신 박혁거세, 석탈해, 김알지를 모셔 보겠습니다.

큰별

석탈해 이사금께서는 신라의 제4대 왕으로 잘 알려져 있습니다. 우선 탄생 이야기부터 해 주시겠습니까?

석탈해

나는 원래 사로국에서 멀리 떨어진 나라 출신일세. 왕비였던 어머니가 커다란 알을 낳으셨지. 왕은 불길하다며 내다 버리라 하셨다네. 어머니는

큰별 인터뷰

차마 그리할 수 없었지. 어머니는 보물과 함께 알을 궤짝에 넣어 바다에 띄웠다네. 이 궤짝은 사로국의 해변에 닿았고, 어떤 할멈이 궤짝을 발견하고 열어 보니 아이가 들어 있지 않겠는가? 그게 바로 나일세.

석탈해께서도 알에서 태어나셨군요! 그렇다면 김알지께서는 어떻게 신라 김씨 왕실의 시조가 되셨는지요?

김알지

탈해 이사금이 나라를 다스리던 때였지. 금성 서쪽의 숲에서 닭이 우는 소리가 들렸다네. 이사금이 살펴보니 나뭇가지에 황금빛 궤짝이 걸려 있었지. 그 아래에서는 흰 닭이 울고 있었고. 그 궤짝을 열었더니 사내아이가 있지 않겠는가! 탈해 이사금께서는 하늘이 자신의 뒤를 이을 아이를 보냈다며 거두어 길렀다네. 탈해 이사금이 '알지(閼智)'라는 이름을 지어 주었네. 또 '금(金)'으로 만든 상자 안에서 태어났다고 하여 성을 '김(金)' 씨라고 했지. 그 아이가 바로 나일세. 나는 왕위에 오르지는 않았지만 나의 후손인 미추가 왕이 되면서 신라 김씨 시조로 *추앙받게 되었지.

그렇다면 왜 신라에는 왕실 시조가 3개나 전해지는지요?

박혁거세

사로국은 여러 세력이 연합해서 발전한 나라이네. 석탈해 세력과 김알지 세력이 외부에서 들어오면서 힘이 더 커졌지. 함께 힘을 모아 나라를 성장시키고자 했다네. 그래서 건국 초반에는 박씨, 석씨, 김씨 이렇게 3개 성씨가 돌아가면서 왕위를 차지해서 시조가 3개가 되었지.

신라에 시조 설화가 3개나 전해지는 이유는 박·석·김 씨가 교대로 왕위를 계승했던 정치적 상황 때문이었습니다. 이는 신라가 여러 세력이 연합해 이루어진 나라였음을 보여 주는 것이었네요. 여기까지 큰별 기자였습니다.

***추앙받다** 높이 받들어 우러러봄을 받다.

큰별쌤 최태성의 한국사신문 | 삼국 시대 _ 신라

제12호 지증왕과 법흥왕 신라의 기틀을 세우다

◆ 지증왕, '왕' 호칭 사용 · '신라' 국호 확정 · 우경 장려   ◆ 법흥왕, 율령 반포 · 공복 제정 · 불교 공인

1. 지증왕, '신라'로 국호 공식 확정!
2. 이제 소로 밭 가세요~ 지증왕 우경 장려
3. 〈큰별 인터뷰〉 이사부에게 듣는다, 우산국 정벌 미션
4. 〈큰별 칼럼〉 독도는 우리 땅!
5. 법흥왕의 율령 반포! 법과 제도로 통치 선언
6. 〈큰별 칼럼〉 희생 없는 개혁은 없다

제 12 호   삼국 시대 _ 신라   큰별 기사

지증왕, '신라'로 국호 공식 확정!

국호는 '신라', 임금 칭호는 '왕'으로 변경

503년, 지증왕이 '신라'를 공식 국호로 삼는다고 발표했다. 또 내물 마립간 이후 임금의 호칭으로 사용되던 '마립간' 대신 앞으로 '왕'이라는 호칭을 사용할 것이라고 밝혔다. '신라'에서 '신'은 왕의 업적이 날로 새로워진다는 뜻이고, '라'는 사방을 망라한다는 뜻이다. 이는 '새롭고 강한 나라'로 거듭나겠다는 의미를 담고 있는 것으로 알려졌다.

국호를 신라로 결정한 배경에는 신라를 여러 지역의 연합체가 아닌, 막강한 중앙

제12호   삼국 시대 _ 신라

집권 국가로 발전시키겠다는 지증왕의 강력한 개혁 의지도 반영되었다는 게 신라 왕실 관계자의 설명이다. 또 이번 국호 단일화 작업으로 백성을 하나로 통합하고 국가 정체성을 확립하는 효과도 있을 것으로 내다봤다.

신라의 또 다른 고위 관리는 "건국 이후 다양한 이름으로 불려 왔던 나라의 이름을 '신라'로 통일했다는 건 국제 무대에서 신라의 지위가 예전보다 강화되었음을 의미한다."라고 말했다. 이어 "신라의 위상이 그만큼 높아진 것 아니겠는가."라고 귀띔했다.

중앙 집권 국가로의 발전 의지 담아

신라는 건국 이래 임금을 거서간, 차차웅, 이사금, 마립간 등 신라 고유의 말로 불러 왔다. 반면 일찍이 중국의 선진 문물을 받아들인 고구려와 백제는 임금을 중국식 호칭인 '왕'으로 불러 온 것으로 알려졌다. 이에 신라의 관리들 사이에서는 임금을 신라 고유의 말로 부르는 것은 시대에 뒤떨어지는 것 아니냐는 지적이 오래전부터 제기되었다. 이에 국호 통일과 더불어 중국식 왕호 변경을 추진한 것으로 보인다.

신라의 정치 평론가들은 국호 변경과 마찬가지로 왕호 변경 역시 단순히 명칭을 변경하는 것 이상의 의미가 담겨 있다고 분석하고 있다. 익명을 요구한 한 평론가는 "기존의 마립간이라는 호칭은 여러 지역의 수장 중 우두머리라는 뜻이다. 그에 비해 왕이라는 호칭은 신하와 구분되는 최고 권력자라는 의미가 강하다."라며 **"왕호를 변경했다는 것은 왕의 권력과 위상이 그만큼 강화되었다는 사실**을 상징적으로 보여 주는 것"이라고 설명했다.

★ 큰별 정리

- **거서간**: 신라의 시조 박혁거세가 사용한 왕호이다. 진한 말로 우두머리 또는 존귀한 사람을 의미한다.
- **마립간**: 꼭대기, 우두머리, 대수장 등을 의미한다. 신라의 17대 왕인 내물 마립간부터 지증왕까지 사용한 왕호이다.
- **왕**: 지증왕부터 사용하게 될 왕호이다. 중국의 선진 통치 시스템을 도입하여 체제를 정비하고자 했다.

큰별 기사

이제 소로 밭 가세요~
지증왕 우경 장려

지증왕, 적극적으로 우경 보급에 나서

502년, 지증왕이 우경을 적극적으로 실시할 것을 명했다. 이에 따라 신라 전역에 우경이 널리 보급될 것으로 예상된다. 우경은 농기구인 쟁기를 멍에에 연결해 소가 메고 끌도록 함으로써 소의 힘을 이용해 밭을 가는 농업 기술이다. 그동안 일부 지역에서만 시험적으로 실시되었다.

지증왕의 이 같은 명에 따라 신라 정부는 다양한 방식으로 우경을 적극 홍보하고 있다. 먼저 우경 설명회를 열어, 소를 이용해 밭을 가는 모습을 백성들에게 직접 보여 주며 기술을 전수했다. 또 우경의 뛰어난 효과를 알리는 홍보물을 전국의 관아에 배포하기도 했다.

우경이 전국적으로 실시된다면 신라의 농업 생산력은 예전과는 비교할 수 없을 정도로 향상될 것이라는 게 전문가들의 공통된 의견이다. 우경 홍보를 맡고 있는 한 고위 관리는 "소를 이용해 밭을 갈면 사람의 힘만으로 할 때보다 몇 배 넓은 땅도 더 빠르게 갈 수 있어 매우 효율적"이라고 말했다. 이어 그는 "우경으로 땅을 깊게 뒤엎을 수 있어, 작물이 자라는 데 필요한 영양분을 효과적으로 공급할 수 있다."라며 "그 결과 수확량이 크게 늘어난다는 것은 이미 여러 농부의 사례에서 확인된 사실"이라고 덧붙였다.

우경 장려 정책 빠르게 정착되고 있어

이미 수년 전부터 우경을 도입해 농사를 지어 온 농부들 역시 한목소리로 우경을 장려하고 있다. '올해의 농부'로 선정된 한 농부는 "사람이 아니라 소가 밭을 간다는 게 처음에는 어색하게 느껴질 수 있다."라고 말하며, "하지만 한번 익숙해지면 다시는 예전 방식으로 돌아갈 수 없을 것"이라고 강조했다.

우경 설명회에 참석한 신라 백성들은 "수레를 끌던 소를 이용해 밭을 갈겠다는 생각을 처음 한 사람에게 상을 줘야 한다.", "예전에는 어떻게 사람의 힘으로만 밭을 갈았는지 모르겠다.", "실제로 해 보니까 생각보다 훨씬 간단하다." 등 새로운 농사법에 대체로 긍정적인 반응을 보였다.

따라서 지증왕의 우경 장려 정책은 당초 예상보다 훨씬 빠른 시일 내에 전국적으로 자리 잡을 것으로 보인다.

제12호   삼국 시대 _ 신라   큰별 인터뷰

이사부에게 듣는다
우산국 정벌 미션

　지증왕은 512년에 이사부 장군에게 '우산국', 그러니까 지금의 울릉도와 독도를 정복하라고 명령합니다. 오늘은 이사부 장군을 모시고 어떻게 우산국을 점령할 수 있었는지 자세하게 들어 보겠습니다.

큰별　**이사부 장군님, 당시 우산국이 어떤 나라였는지 설명해 주실 수 있을까요?**

이사부 장군　우산국은 신라에서 동쪽으로 꽤 멀리 떨어져 있는 작은 왕국이었습니다. 순풍을 만나도 배를 타고 꼬박 이틀이나 걸릴 만큼 먼 곳에 있지요. 게

다가 우산국 나름의 경제력과 군사력을 갖추고 있었습니다. 그 덕분에 오랫동안 신라에 항복하지 않고 독립된 왕국을 유지해 왔지요.

그렇게 멀리 있는 작은 섬나라를 지증왕께서는 왜 정복하려 했을까요?

이 무렵 신라는 개혁을 통해 빠른 속도로 성장하고 있었습니다. 나라가 점점 안정되자 지증왕께서는 영토 확장에 관심을 보이셨죠. 그래서 동쪽 바다 한가운데 있는 우산국을 주목한 겁니다. 우산국에서는 진귀한 *토산물을 얻을 수 있었습니다. 그뿐만 아니라 우산국은 고구려와 왜의 해상 교역로 중간 거점이었어요. 이곳을 정벌하면 고구려와 왜의 해상 교역로를 차단할 수 있지요. 그러면 동해 바다를 장악할 수 있으니 신라에게는 충분히 탐나는 지역이었습니다.

우산국이 작은 왕국이라고는 하지만, 위낙 멀리 떨어져 있어 점령하기가 쉽지만은 않았을 것 같습니다. 실제로 어땠습니까?

그렇습니다. 오랫동안 배를 타고 가면 지치게 마련이지요. 그런 상태에서 공격하기에는 분명히 위험 부담이 있었습니다. 그래서 저는 힘으로 그들을 제압하는 것이 아니라 꾀를 써서 굴복시키기로 마음먹었지요. 하하. 저는 병사들에게 나무를 깎아 만든 무시무시한 사자 모형을 배에 나눠 싣도록 지시했습니다. 그리고 우산국으로 가서 이렇게 위협했죠. "만약 너희가 항복하지 않는다면 이 맹수를 풀어 밟아 죽이겠다!" 사자를 처음 본 우산국 사람들은 모두 겁에 질려 곧바로 항복했지요. 우산국 사람들이 육지의 사정을 잘 몰랐기 때문에 쓸 수 있었던 계략이었습니다.

이사부 장군의 지혜 덕분에 울릉도와 독도가 우리의 영토가 될 수 있었던 거군요. 여기까지 큰별 기자였습니다.

*토산물 어느 지역에서 특별히 나고 자란 물건이나 식품.

| 제12호 | 삼국 시대 _ 신라 | 큰별 칼럼 |

독도는 우리 땅!

독도가 우리나라 땅이라는 근거 풍부

"일본의 *부당한 주장에 대응하려면
역사적·법률적 근거 알아 두어야"

 대한민국 국민이라면 누구나 '독도는 우리 땅'이라는 사실을 알고 있습니다. "그 누가 아무리 자기네 땅이라고 우겨도" 독도가 대한민국의 영토라는 사실은 변함없지요. 하지만 막상 독도가 왜 우리 땅인지 물으면, 쉽게 설명하지 못하는 경우가 많습니다.

 독도가 우리 땅인 첫째 근거는 512년 신라 지증왕 시대로 거슬러 올라갑니다. **이사부가 우산국을 정복하면서 독도는 신라의 영토**가 되었습니다. 독도가 우리의 영토가 된 출발점이지요.

 조선 시대에 펴낸 『세종실록지리지』에도 "우산(독도)과 무릉(울릉도) 두 섬은 울진현의 정동쪽 바다 한가운데 있다. 두 섬은 거리가 멀지 않아 날씨가 맑으면 서로 바라볼 수 있다."라고 기록되어 있습니다.

 『세종실록지리지』 외에 『신증동국여지승람』, 『만기요람』 등 여러 역사서와 지리지에서도 독도를 우리 영토로 기록하고 있습니다.

 독도가 우리 땅이라는 사실을 더욱 명확하게 보여 주는 근거는 『대한제국 칙령 제41호』입니다. 1900년, 일본 *어민들이 울릉도와 독도 근처에서 물고기를 잡고 나무를 베는 일이 빈번하게 발생했어요. 그러자 고종은 『대한제국 칙령 제41호』를 선포해 독도가 한국의 영토임을 분명하게 *규

부당하다
이치에 맞지 아니하다.

어민
물고기를 잡는 사람.

규정하다
양이나 범위 등을 제한하여 정하다.

| 제12호 | 삼국 시대 _ 신라 |

정했습니다. 이 칙령에는 '울릉도를 독립된 군으로 격상하고 울릉 전도와 죽도, 석도(독도)를 관할한다'는 내용이 담겨 있어요.

독도가 일본 땅이 아니라는 사실은 우리나라 기록뿐만 아니라 일본의 기록에서도 확인할 수 있습니다. 대표적인 예가 1877년에 작성된 「태정관 지령문」입니다. 이 문서는 당시 일본의 최고 행정기관인 태정관에서 공식적으로 작성한 것으로, 울릉도와 독도는 일본과는 관련이 없다고 분명히 밝히고 있습니다.

그러나 일본은 러일전쟁 중 독도를 자국의 영토로 불법 *편입한 뒤 오늘날까지 *영유권을 주장하고 있습니다. 여기에도 역시 반박할 수 있는 근거가 있어요. 광복 이후 '연합국최고사령부 지령 제677호(SCAPIN 677호)'가

편입하다
어떤 무리나 조직에 새로 들어가서 그 속에 포함되다.

영유권
일정한 땅이나 섬이 누구 것인지 주장할 수 있는 권리.

『신증동국여지승람』의 부속 지도인 「팔도총도」에 나오는 우산도(독도)
(서울 역사 박물관)

큰별 칼럼

발표되었어요. 여기에는 일본의 영토를 구성하는 여러 소도에 울릉도, 독도, 제주도 등이 포함되지 않는다고 명시되어 있어요. 이는 연합국이 독도를 한국의 영토로 인식하고 있었음을 말해 줍니다.

이처럼 독도가 우리 땅이라는 역사적·법률적 근거는 풍부하게 존재합니다. 일본의 부당한 주장에 대응하려면 이러한 근거들을 우리 스스로 정확히 알고 있어야 합니다. 독도가 외롭지 않고 언제나 우리와 함께하는 섬이 될 수 있도록 우리 모두 관심을 기울여야겠습니다.

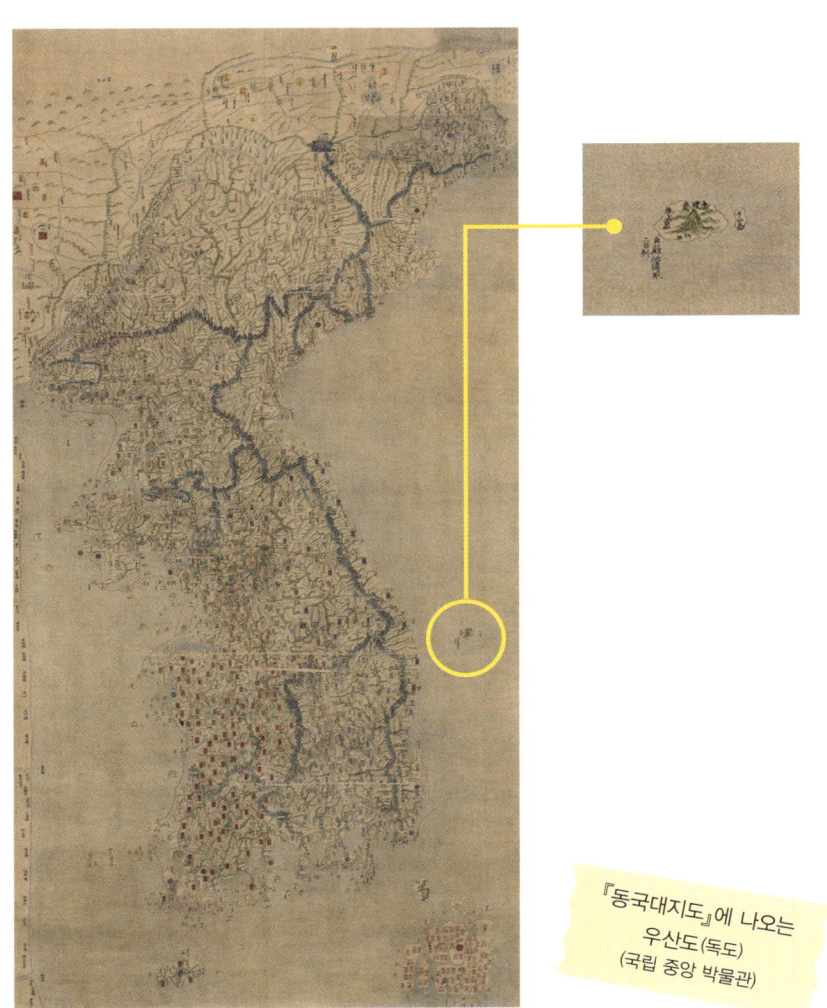

『동국대지도』에 나오는 우산도(독도)
(국립 중앙 박물관)

131

제12호 삼국 시대 _ 신라

법흥왕의 율령 반포!
법과 제도로 통치 선언

율령 반포와 골품제 정비

520년, 신라의 법흥왕이 율령을 반포했다. 법흥왕은 정책 발표 기자회견에서 "그동안 신라는 지역마다 법과 제도가 다르게 적용되었다. 그래서 강력한 중앙 집권적 국가로 발전하는 데 어려움이 있었다."라고 말했다. 그리고 "율령을 반포해 법과 제도를 하나로 통일함으로써 사회 질서를 바로잡고 신라를 하나로 통합할 것"이라고 밝혔다.

또 법흥왕은 관리 등급에 따라 옷 색깔을 달리하는 제도를 시행한다고 발표했다.

큰별 기사

왕실에서 발표한 내용에 따르면 앞으로 이벌찬부터 대아찬까지 1~5 관등은 자주색 관복, 아찬부터 급찬까지 6~9 관등은 비색 관복, 대나마와 나마의 10~11 관등은 청색 관복, 대사부터 조위까지 12~17 관등은 황색 관복을 입게 된다.

이에 대해 법흥왕을 가까이에서 모시는 왕실 관계자는 "**신하들이 입는 옷까지 왕의 명령에 따르도록 한 건 관리들의 신분과 지위를 명확히 구분하고 체계화하여 왕권을 강화하려는 의도가 숨어 있는 것**"이라고 귀띔했다.

법흥왕의 '왕권 강화 정책' 본격화?

한편, **법흥왕은 신라 고유의 신분 제도인 골품제도를 정비한다고 밝혔다. 골품제는 개인의 혈통에 따라 신분을 구분한 제도이다.** 지금까지는 왕족을 대상으로 한 '골제'와 일반 귀족을 대상으로 한 '두품제'가 별도로 운영되어 왔다. 그래서 이를 체계적으로 정비해야 한다고 지적되고는 했다. 이에 법흥왕은 왕족에 해당하는 성골과 진골, 귀족과 평민 등 6개 두품을 포함해 모든 신라 백성을 8개 신분으로 나누었다. 그리고 그에 따른 규정을 새롭게 정비해 따르도록 지시했다.

골품제 정비와 함께 신분에 따른 관직 진출 상한선, 옷 색깔, 결혼 상대와 집의 크기, 소유할 수 있는 말의 수 등도 정해졌다. 한 6두품 귀족은 "골품제를 통해 정치나 사회 활동뿐만 아니라 일상생활까지 제한하려는 의도가 엿보인다."라고 불만을 털어놓았다.

★큰별 단신

화백 회의 이끌 상대등 설치

531년, 법흥왕이 신라 최고 관직으로 상대등을 설치했다. 상대등은 진골 출신만 임명될 수 있으며 귀족 회의인 화백 회의를 이끌어 나갈 것으로 알려졌다. 첫 상대등으로 임명된 철부는 "귀족들을 대표하고 왕을 가장 가까이에서 보좌하는 신하로서 둘 사이를 연결하는 역할을 충실히 해 나갈 것"이라며 각오를 밝혔다.

제12호   삼국 시대 _ 신라

희생 없는 개혁은 없다

이차돈의 순교가 있었기에 가능했던 불교 개혁

" *관행을 끊어 내는 데는 엄청난 고통이 따르는 법"

어느 시대든 변화와 개혁이 필요한 시기가 있습니다. 고구려에서는 소수림왕이 개혁을 주도하며 나라의 기틀을 다졌고, 신라에서는 지증왕과 법흥왕이 그러한 역할을 했습니다.

『삼국사기』에 따르면 고구려·백제·신라 세 나라 중 건국 시기가 가장 빠른 나라는 신라입니다. 신라는 백제보다 약 40년, 고구려보다 약 20년 먼저 세워졌지요. 하지만 고대 국가로 발전하는 속도는 가장 더뎠습니다. 신라는 한반도 동남쪽 끄트머리에서 출발했어요. 북쪽은 고구려가 틀어막고 있고, 바닷길은 백제가 장악하고 있어 지리적으로 선진 문물을 받아들이기 쉽지 않았어요. 그래서 삼국 중 발전이 가장 더딜 수밖에 없었답니다.

하지만 결국 삼국 통일의 주인공은 신라였습니다. 삼국 중 가장 뒤처져 있던 신라가 과연 어떻게 삼국을 통일할 수 있었을까요?

그 배경에는 강도 높은 개혁이 있었습니다. 그 개혁의 신호탄을 쏘아 올린 인물이 바로 지증왕입니다. 지증왕은 6세기에 나라 이름을 '신라'로 정하고 중국식 왕호를 사용하기 시작했습니다. 이는 신라가 왕을 중심으로 통합된 중앙 집권 국가로 나아가겠다는 의지를 표명한 거였어요. 또 지증왕은 지방 통치 제도를 정비하고, *순장을 금지해 노동력 손실을 막

관행
오래전부터 해 오던 대로 하는 것.

순장
한 집단의 지배층 계급에 속하는 사람이 죽었을 때 산 사람을 함께 묻던 장례법.

큰별 칼럼

고자 했어요. 농업 생산력을 높이기 위해 우경을 적극 장려했고, 장군 이 사부를 보내 우산국을 정벌하기도 했습니다. 지증왕이 실시한 일련의 개혁 정책은 신라가 전성기로 나아가는 튼튼한 발판이 되었습니다.

법흥왕은 지증왕의 뜻을 이어받아, 훨씬 더 *과감하고 적극적인 개혁 정책을 펼쳤습니다. 그 대표적인 예가 바로 '이차돈의 순교'입니다.

법흥왕은 사람들의 생각을 하나로 통합하고자 당시 외래 종교였던 불교를 나라의 종교로 삼고자 했지요. 그런데 토착 신앙을 믿고 있던 귀족들이 매우 심하게 반발했어요.

이런 상황에서 이차돈이 '신령이 깃든 숲'이라 하여 신라인들이 대대로 신성하게 여겨 온 천경림의 나무를 베어 내고 그 자리에 절을 지었습니다. 크게 분노한 귀족들은 이차돈을 벌하라고 목소리를 높였지요. 이차돈은 이렇게 주장해요. 사실 천경림의 나무를 베라고 명령한 이는 법흥왕이고, 자신은 명령에 따랐을 뿐이라고요. 하지만 이차돈의 말은 거짓임이 곧 드러났습니다.

법흥왕은 왕의 명령을 거짓으로 지어낸 이차돈의 목을 벨 수밖에 없었어요. 이때 놀라운 일이 벌어집니다. 이차돈의 목을 베자 목에서 우유 같

과감하다
결단력이 있고 용감하다.

제12호 삼국 시대 _ 신라

은 흰 피가 솟구친 거예요. 또 하늘에서는 꽃비가 내렸고요. 이 광경을 본 귀족들은 깜짝 놀라 더는 불교를 반대하지 않았습니다. 마침내 신라는 불교를 나라의 공식적인 종교로 받아들이게 되었죠.

그런데 사실 이는 법흥왕과 이차돈 사이에 미리 약속된 연출이었어요. 기록에 따르면 이차돈은 독실한 불교 신자였다고 해요. 귀족들의 반대로 불교를 받아들이는 것이 쉽지 않자 이차돈은 법흥왕에게 이렇게 말하지요. "*소신의 목을 베어 여러 사람의 반대를 잠재우소서. 불교를 일으킬 수만 있다면 저는 죽어도 여한이 없습니다." 법흥왕은 죄 없는 신하의 목숨을 거둘 수 없다며 이를 거절했어요. 그렇지만 결국 이차돈의 설득에 못 이겨 그를 벌한 것입니다.

이차돈의 순교 이야기를 보면 *극단적인 연출과 희생이 필요했을 정도로 당시 신라 사회는 변화를 잘 받아들이지 않았음을 알 수 있어요. 이처럼 사람들이 오랫동안 해 오던 방식을 바꾼다는 건 엄청난 고통이 따릅니다. 하지만 고구려가 소수림왕 때 진통을 겪으며 개혁을 이뤄 내고, 광개토 태왕과 장수왕의 시대를 열었듯이 신라 역시 지증왕과 법흥왕 때의 개혁이 밑거름이 되어 진흥왕 때 전성기를 맞게 됩니다.

우리 삶도 마찬가지예요. 살면서 변화를 이루려면, 지금까지 익숙하게 해 오던 방식들을 하나씩 내려놓는 큰 결심이 필요해요. 익숙함을 버린다는 건 생각보다 훨씬 어렵고, 때로는 두렵기까지 해요. 하지만 그만큼 힘든 과정을 거쳐야 비로소 더 나은 길, 새로운 길이 우리 앞에 열리게 된답니다. 그 과정은 쉽지 않겠지만 그 끝엔 반드시 성장이 기다리고 있다는 것, 잊지 마세요.

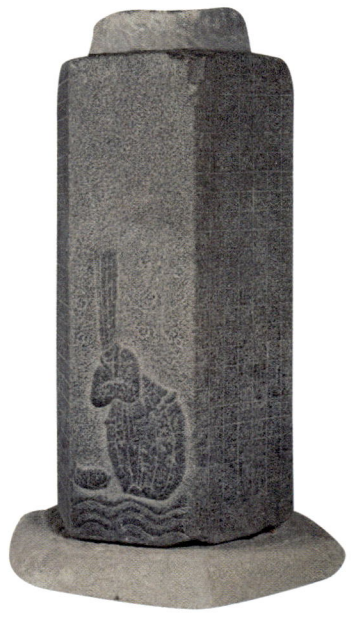

이차돈 순교비
(국립 경주 박물관)

소신
신하가 임금을 상대하여 자기를 낮추어 이르는 말.

극단적
보통보다 훨씬 심하거나 너무 한쪽으로만 행동하는 것.

큰별쌤 최태성의 한국사신문   삼국 시대 _ 신라

제 13 호
진흥왕, 삼국 통일의 기반을 마련하다

◆ 진흥왕, 한강 유역 차지·화랑도 정비·순수비 건립

1. 신라, 나제 동맹 깨고 한강 유역 장악
2. 〈큰별 인터뷰〉 국선 설원랑에게 듣는 '화랑'의 모든 것
3. 진흥왕, 순수비 세워 왕권과 국력 과시
4. 〈큰별 칼럼〉 외교에서는 영원한 적도, 동맹도 없다

제13호　삼국 시대_신라

신라, 나제 동맹 깨고 한강 유역 장악

신라, 백제 공격해 바닷길 확보

553년, 신라의 진흥왕이 백제가 차지하고 있던 한강 하류 지역을 기습 공격해 한강 유역을 모두 장악했다. 신라의 눌지왕과 백제의 비유왕이 고구려의 남진에 맞서 손을 잡은 이후 120여 년간 이어져 온 나제 동맹은 이번 공격으로 완전히 해체되었다.

　신라의 진흥왕이 나제 동맹을 파기하면서까지 갑작스럽게 백제를 공격한 이유는 한강 일대가 그만큼 중요한 지역이기 때문이라는 것이 국제 정세 전문가들의 공통된 의견이다. 특히, 백제가 차지했던 한강 하류 지역은 **비옥한 평야**가 펼쳐져 있어 경제적 가치가 높다. 또 바닷길을 통해 **중국과 직접 교역**할 수 있는 당항성이 있어 삼국 간 경쟁에서 주도권을 확보하려면 반드시 차지해야 하는 **전략적 요충지**로 알려져 있다.

진흥왕 역시 한강 유역을 장악한 이후 개최한 긴급 기자회견에서 "신라의 발전을 위해서 한강 유역 확보는 반드시 필요한 일이었다. 나라의 이익을 위해서 나제 동맹 파기는 어쩔 수 없는 선택이었다."라고 밝혔다.

고구려와 은밀한 접촉 후 나제 동맹 깨

한편, 갑작스러워 보이는 신라의 '한강 유역 독차지 작전'은 사전에 치밀하게 준비된 것으로 알려졌다. 신라 정부는 백제와 함께 고구려를 공격해 한강 유역을 나눠 가진 직후, 고구려와 은밀하게 접촉했다. 그리고 **고구려에 대한 공격을 중지하겠으니, 신라의 한강 장악에 개입하지 말도록 요청**한 것으로 밝혀졌다. 당시 안팎으로 위기를 겪고 있던 고구려는 신라의 요청을 즉시 받아들였다. 그 덕에 신라는 나제 동맹을 깨는 결정을 할 수 있었던 것이다.

2년 전만 해도 신라와 손잡고 고구려를 공격했던 백제는 신라의 갑작스러운 태세 전환에 엄청난 충격과 분노에 휩싸였다. 백제의 성왕은 대규모 보복 공격을 준비하고 있는 것으로 전해진다. 신라와 백제의 국경 지역에는 팽팽한 긴장감이 감돌고 있다.

신라, 관산성 전투에서 대승!
백제 보복 공격 실패로 돌아가

신라는 관산성 전투에서 백제·가야·왜 연합군의 공격을 막아 내는 데 성공했다. 백제의 성왕은 신라의 배신에 분노해 가야와 왜의 지원을 받아 신라를 공격했다. 치열한 전투 끝에 김무력 장군이 이끄는 신라군이 연합군을 물리치고 승리를 거두었다. 이 과정에서 백제의 성왕은 전사한 것으로 알려졌다. 이번 전투의 승리로 신라의 한강 유역에 대한 지배력이 더욱 굳건해질 것으로 전망된다.

제13호 　 삼국 시대 _ 신라

국선 설원랑에게 듣는 '화랑'의 모든 것

신라에는 아주 특별한 단체가 있습니다. 바로 신라의 청소년들이 모여 몸과 마음을 단련하는 '화랑도'입니다. 진흥왕은 화랑도를 국가적 조직으로 개편하여 발전시킵니다. 오늘은 화랑의 지도자 국선 설원랑을 모시고 화랑에 대해 이야기 나눠 보겠습니다.

큰별

반갑습니다! 우선 자기소개부터 해 주시죠.

국선 설원랑

안녕하십니까. 저는 국선 설원랑입니다. 국선은 화랑 가운데 국왕이 특별히 임명한 화랑입니다. 다시 말해 화랑의 지도자라고 생각하면 됩니다. 제 입으로 이런 말을 하긴 좀 그렇지만, 최고의 화랑이라는 말이지요. 하하. 저는 진흥왕께서 임명하신 신라 최초의 국선이기도 합니다.

큰별 인터뷰

'화랑'은 정확히 무슨 뜻인가요?

'꽃처럼 아름다운 사내'라는 뜻입니다. 진골 귀족 가운데 용모와 품행이 단정한 15~18세의 젊은이를 뽑아 '화랑'이라고 불렀습니다. 여기에 '무리 도' 자를 붙여 '화랑도'라고 부릅니다. 화랑도는 화랑을 우두머리로 한 청소년 수련 단체이지요. 물론 화랑도에 화랑만 있는 건 아닙니다. 국선 한 명 아래에 화랑이 여러 명 있고, 화랑은 각각 낭도를 수백에서 수천 명 거느리지요. 낭도는 두품 출신이나 평민 출신도 될 수 있습니다.

우아, 꽃미남의 규모가… 아니, 화랑도의 규모가 생각보다 상당한데요? 화랑과 낭도들은 주로 무엇을 배우나요?

산과 들을 다니며 자유롭게 몸과 마음을 수련합니다. 아름다운 자연 속에서 무예를 갈고닦고 정신을 수련하지요. 또 동료들과 어울리면서 풍류를 즐기기도 합니다. 나라에서는 화랑도를 통해 길러 낸 인재를 관리로 임명했죠. 한마디로 문무를 겸비하고 나라에 충성하는 차세대 지도자를 키워 내는 것이지요. 실제로 신라의 훌륭한 장수 중에 화랑도 출신이 많습니다.

신라는 화랑도로 나라에 필요한 핵심 인재를 길러 내어 국가의 역량을 한층 강화했습니다. 결과적으로 화랑도는 신라의 삼국 통일에 크게 기여했죠. 인재 양성의 중요성을 알 수 있는 인터뷰였습니다. 여기까지 큰별 기자였습니다.

제13호 삼국 시대 _ 신라

진흥왕, 순수비 세워 왕권과 국력 과시

서울 북한산
신라 진흥왕 순수비
(국립 중앙 박물관)

진흥왕, 새로 확보한 영토에 기념비 건립

신라의 진흥왕이 새로 점령한 지역을 순수할 때마다 기념 비석을 세우는 것으로 알려져 화제가 되고 있다. '순수'란 왕이 나라의 영토를 돌아보며 살피는 일을 뜻한다. 진흥왕은 지금까지 순수비를 총 네 개 세운 것으로 알려졌다.

가장 먼저 가야 지역을 정복한 뒤 창녕에 척경비를 세웠다. 이어 한강 유역을 차지한 것을 기념해 북한산 꼭대기에 순수비를 건립했다. 또 북쪽 국경 지역인 마운령과

황초령에도 순수비를 세운 것으로 밝혀졌다.

또 진흥왕이 직접 순수를 하고 세운 것은 아니지만 고구려의 영토였던 단양 적성 지역을 점령한 후에도 이를 기념하는 비석을 세운 것으로 확인됐다.

신라 왕실 홍보실 관계자는 "순수비를 세운 목적은 새로 얻은 땅이 신라의 영토임을 확실히 하고, 그 지역 백성의 민심을 살피기 위한 것이었다."라며 "또 전쟁에서 공을 세운 사람을 칭찬하기 위한 의미도 담겨 있다."라고 설명했다.

이 관계자는 이어 "비석마다 내용은 조금씩 다르지만, 진흥왕이 해당 지역을 순수한 이유와 그곳에 베푼 여러 가지 조치 등이 기록되어 있다."라고 밝혔다.

공치사일지라도 역사적으로는 도움 되는 일

한편, 익명을 요구한 또 다른 왕실 관계자는 "진흥왕이 원래 자신감이 넘치고 흥도 많다 보니 어딜 가나 주목받는 걸 좋아하는 스타일"이라고 말했다. 이어 "아마 순수비를 통해 신라의 국력을 천하에 뽐내고 자신의 업적을 널리 자랑하려는 마음도 없진 않았을 것"이라고 귀띔하기도 했다. 실제로 신라의 역사학자들은 실제로 진흥왕에게 자신의 업적을 과시하려는 의도가 있었다고 하더라도, 순수비나 적성비를 남긴 것은 긍정적으로 평가하고 있다. 한 역사학자는 "돌에 새긴 글자는 아주 오래도록 남는다."라며 "순수비 등에 새겨진 내용을 통해 후손들은 신라 왕이 백성을 어떻게 다스렸는지, 또 당시 그 지역의 상황은 어땠는지를 자세히 알 수 있다. 이는 매우 중요한 역사 자료가 될 것이다."라고 밝혔다.

제13호 삼국 시대 _ 신라

외교에서는 영원한 적도 동맹도 없다

훌륭한 외교술로 삼국 통일까지 이뤄 낸 신라

"나제 동맹을 깬 것은 신라의 국익을 위한 선택"

어느 시대든 외교는 매우 중요합니다. 특히 강대국에 둘러싸인 *약소국이라면 그 중요성은 더욱 커지지요.

외교에서 가장 중요한 원칙은 '국익'입니다. **상황에 따라 무엇이 가장 자국에 유리한지, 손해가 적은지 판단해서 실리를 챙기는 것이 외교의 핵심**이지요. 혈맹 또는 동맹이라는 말은 외교적 표현일 뿐이에요. 국제 관계에는 영원한 적도, 영원한 동맹도 존재하지 않습니다. 역사에서도 이를 잘 보여 주지요.

신라의 역사을 통해 우리는 외교의 중요성을 분명히 배울 수 있습니다. 고구려의 장수왕이 남진 정책을 펼치자 신라와 백제는 위기를 느끼고 '나제 동맹'을 맺습니다. 신라와 백제는 각자의 국익을 위해 손을 잡은 거예요. 진흥왕과 성왕 때에 이르러서는 함께 고구려를 공격해 한강 유역을 나눠 갖기도 합니다.

하지만 그 직후에 신라의 진흥왕은 오랫동안 이어져 온 동맹을 과감하게 깨 버리고 백제를 공격해 한강 유역을 독차지합니다. 신라의 배반에 크게 분노한 성왕은 신라를 *응징할 목적으로 군사를 일으켜 신라를 공격했어요. 그렇지만 관산성 전투에서 그만 전사하고 말지요. 백제로서는 그야말로 뼈아픈 패배였을 거예요.

약소국
군사력이나 경제력 등이 약해서 다른 나라의 영향을 많이 받는 나라.

응징하다
잘못을 깨우쳐 뉘우치도록 징계하다.

큰별 칼럼

　백제 입장에서는 신라가 자신들의 이익을 위해 국가 간의 *신의를 헌 신짝처럼 내팽개쳤다고 생각했을 겁니다. 게다가 국왕까지 죽였으니 그 억울함과 분노가 엄청났겠지요.

　그런데 신라의 이런 선택을 과연 배신이라고만 말할 수 있을까요? 일반적인 인간관계에서는 옳지 못한 행동이었다고 비난받을 만한 일이지요. 그러나 외교적 관점에서 보면 이는 국익을 위한 선택이라고 평가할 수 있습니다. **진흥왕의 나제 동맹 파기 결정으로 신라는 한강 유역 확보라는 중요한 성과**를 얻었어요. 또 삼국 통일이라는 위업 달성에 한 발 더 다가갈 수 있었지요.

　사실 신라가 강대국인 고구려와 맞서야 하는 상황에서 백제와 맺은 동

신의
믿음과 의리를 아울러 이르는 말.

제13호   삼국 시대_신라

맹을 깨 버린 것은 엄청난 모험이었을 겁니다. 그러나 이후 신라는 당과 손을 잡는 새로운 외교 전략을 통해 위기를 극복했어요. 결과적으로 삼국 통일까지 이루어 냈습니다. 이는 신라의 외교력이 만들어 낸 승리라고 해도 과언은 아니겠지요.

지금 우리나라의 상황도 신라와 크게 다르지 않습니다. 지리적으로는 중국, 일본, 러시아라는 강대국에 둘러싸여 있어요. 경제적, 정치적으로도 미국, 중국, 일본 등에 영향을 받고 있어요. 이런 상황에서 우리나라는 어떤 외교 전략을 펼쳐야 할지 역사를 통해서 배울 수 있으면 좋겠습니다.

큰별쌤 최태성의 한국사신문   삼국 시대 _ 신라

제 14 호

선덕여왕, 삼국 통일의 미래를 그리다

◆ 선덕여왕, 황룡사 구층 목탑 건립·첨성대 건립·김춘추와 김유신 등용

1. 신라 최초 여성 군주 탄생, 선덕여왕 즉위
2. 〈큰별 인터뷰〉 선덕여왕에게 듣는 국정 운영 비전
3. 첨성대 완공, "별 보러 가지 않을래?"
4. 〈큰별 칼럼〉 선덕여왕, 편견에 맞서 능력을 증명하다

| 제14호 | 삼국 시대 _ 신라 |

신라 최초 여성 군주 탄생
선덕여왕 즉위

덕만공주, '최초의 여왕' 자리에 올라

632년, 선덕여왕이 진평왕을 이어 신라의 제27대 왕의 자리에 올랐다. 진평왕의 맏딸인 선덕여왕은 이름은 덕만, 어머니는 김 씨 마야 부인이다. **여성이 왕의 자리에 오른 건 우리 역사상 처음** 있는 일이다. 이에 덕만공주가 진평왕의 뒤를 이어 왕위에 오를 수 있었던 배경에 관심이 쏠리고 있다.

오래전부터 신라 왕실은 후계 문제로 많은 고민을 해 온 것으로 알려져 있다. 진평

큰별 기사

왕에게는 딸만 있었고, 그의 남동생들 또한 아들을 남기지 못한 채 일찍 사망했기 때문이다. 이러한 상황에서 진평왕이 서거하자, 신라 귀족들은 긴급 화백 회의를 소집해 덕만공주를 왕으로 추대한 것으로 밝혀졌다.

화백 회의를 주재했던 상대등은 "이러니저러니 해도 결국에는 성골 신분인 덕만공주가 왕위를 이어받아야 한다는 의견이 다수였다."라며 당시 분위기를 전했다. 또 "덕만공주는 어려서부터 성품이 너그럽고 어질며 지혜롭다고 알려졌다. 그래서 신라를 잘 이끌어 갈 수 있을 것으로 생각했다."라고 덧붙이기도 했다.

귀족들 사이에서는 불만의 목소리도

선덕여왕이 신라 최초의 여왕이 되자 몇몇 왕족과 귀족 사이에서는 불만의 목소리도 조금씩 흘러나오고 있는 것으로 알려졌다. **익명을 요구한 한 진골 귀족은 "신라 역사에서 여성이 왕위를 이어받은 적은 한 번도 없었다. 그러니 아무래도 탐탁지 않게 생각하는 사람들도 있는 게 사실"**이라고 전했다. 또 다른 고위 관리는 "선덕여왕이 과연 기가 센 진골 귀족들을 누르고 국정 운영의 주도권을 장악할 수 있을지 모르겠다."라며 우려를 표하기도 했다.

한편, 선덕여왕은 취임식에서 "내가 왕이 된 것에 관해 이런저런 반발이 있을 것으로 예상된다. 그렇지만 나는 '성스러운 혈통을 이어받은 사람'으로서 신라를 이끌 자격과 능력에는 모자람이 없다."라고 당차게 말했다. 또 "백성의 힘을 하나로 모아 신라가 더욱 강한 나라가 될 수 있도록 모든 노력을 아끼지 않을 것"이라고 다부진 각오를 밝혔다.

제14호 　 삼국 시대 _ 신라

선덕여왕에게 듣는 국정 운영 비전

　선덕여왕은 김유신, 김춘추라는 인재를 키워 내고 삼국 통일의 기반을 마련했다는 평가를 받습니다. 하지만 그 과정이 순탄하지만은 않았지요. 오늘은 선덕여왕을 모시고 강한 신라를 만들고자 어떤 노력을 기울였는지 들어 보겠습니다.

큰별

선덕여왕님, 여성 최초로 왕위에 오르셨는데 부담은 없으셨는지요?

선덕여왕

　사실 아버지 진평왕께서는 아들이 없으셨기 때문에, 일찍부터 맏딸인 저에게 왕위를 물려주기로 결심하셨습니다. 고조할아버지이신 진흥왕께서 신라의 영토를 크게 넓히셨지만, 정치 제도를 정비하고 중국과의 외교를 강화하며 나라의 내실을 다진 것은 그 뒤를 이은 저희 아버지셨지요. 그런 아버지의 통치를 곁에서 보고 자란 저는, 왕위에 오르더라도 잘해 낼 자신이 있었습니다.

큰별 인터뷰

선덕여왕님의 즉위에 반대하는 세력은 없었습니까?

제가 즉위하기 전, 제가 왕위를 잇는 것을 반대하던 세력이 아버지께서 연로해지신 틈을 타 반란을 일으켰습니다. 그때 저는 제 앞날이 순탄치 않을 것임을 어느 정도 예상했지요. 그래서 반드시 강한 신라를 만들어, 왕으로서의 능력을 증명하겠다고 굳게 다짐했습니다.

강한 신라를 만들기 위해 어떤 노력을 기울이셨나요?

우선 백성의 마음을 얻는 것이 중요하다고 생각했습니다. 그래서 즉위 후 생활이 어려운 백성의 세금을 깎아 주었어요. 지방을 직접 돌아다니며 백성의 삶을 살폈고요. 또 불교를 통해 백성의 마음을 하나로 모으고자 나라 곳곳에 절을 세우고 불상과 불탑을 만들도록 지시했답니다. 그중에서도 가장 심혈을 기울인 것은 '황룡사 9층 목탑 건설 프로젝트'예요. 이를 통해 백성들에게 '강한 신라'라는 비전을 제시하고 싶었습니다.

'목탑을 통해 비전을 제시한다'는 말이 선뜻 잘 이해되지 않습니다. 좀 더 자세하게 설명해 주시겠습니까?

금성 어디서든 보이는 거대한 목탑을 세워 백성에게 '신라도 삼국 통일의 주인공이 될 수 있다'는 믿음을 심어 주고 싶었어요. 목탑이 9층인 건 고구려와 백제 등 주변 9개 나라를 언젠가는 모두 물리치고 신라의 발아래에 두겠다는 의지를 표현한 것이죠. '꿈은 이루어진다!' 뭐 그런 의미랄까요? 든든한 지원군도 있었습니다. 김춘추와 김유신 같은 비주류 신흥 귀족을 과감히 등용해 함께 나라의 중요한 일들을 추진해 나갔습니다.

무엇을 바라보고 나아가야 할지 목표를 세우는 일이 얼마나 중요한지 느낄 수 있었던 인터뷰였습니다. 여기까지 큰별 기자였습니다.

제14호　　삼국 시대 _ 신라

첨성대 완공
"별 보러 가지 않을래?"

별을 관측하는 첨성대 완공

오늘 오전, 첨성대 완공 기념식이 신라 왕실 주도로 성대하게 개최되었다. **금성의 월성 동북쪽에 자리한 첨성대는 이름에서도 알 수 있듯이 별을 관찰하는 시설이다.** 선덕여왕은 기념식에서 "하늘의 대리자인 왕이 하늘의 움직임을 읽어 백성에게 전하는 것은 당연한 의무"라고 말했다. 이어 "하늘의 움직임을 면밀하게 관찰해야 농사를 잘 지을 수 있다. 앞으로 주기적으로 하늘의 움직임을 관찰하고 분석해 계절과 날씨에 관한 다양한 정보를 각 고을에 제공할 것"이라고 밝혔다.

실제로 태양의 높이와 달의 모양, 별의 움직임 등은 계절과 절기에 따라 조금씩 달라진다고 알려져 있다. 씨를 뿌리거나 곡식을 거둘 시기를 알 수 있으며, 날씨의 변화 등 농사와 관련된 필수 정보를 비교적 정확하게 예측할 수 있다.

천문 관측 시설인 첨성대의 건립은 신라가 독자적으로 천문 관측과 연구를 할 수 있을 만큼 천문 과학 수준이 올라갔다는 것을 보여 준다. 최근에는 천문 담당 부서와 담당 관리를 따로 두고 본격적으로 하늘을 연구하려는 논의도 이루어진 것으로 알려졌다.

상징적인 의미 담긴 첨성대 구조

한편, 첨성대의 독특한 구조에는 여러 가지 상징적인 의미가 담긴 것으로 알려져 백성들의 관심을 끌고 있다. 첨성대 건설에 참여한 장인이 배포한 자료에 따르면, 첨성대의 몸체를 원형으로, 기단을 정사각형으로 만든 것은 '하늘은 둥글고 땅은 평평하다'는 세계관을 담은 것이다. 첨성대를 만들 때 사용한 360개 안팎의 돌은 1년의 날수를 의미한다. 첨성대 몸체는 27단으로 구성되어 있는데, 이는 선덕여왕이 신라의 제27대 왕임을 상징한다. 여기에 기단까지 합치면 총 28단이 되는데, 이는 하늘의 기본 별자리 28수를 나타낸다. 또 중앙 창문을 기준으로 위쪽과 아래쪽이 각각 12개 단으로 나뉘어 있는데, 이는 12달과 24절기를 의미한다.

신라 왕실 관계자는 "앞으로 첨성대에서 별을 관측한 결과에 따라 나라의 안녕을 비는 제사를 지내 신라가 더욱 번영할 수 있도록 하겠다."라고 밝혔다.

제14호 | 삼국 시대 _ 신라

선덕여왕, 편견에 맞서 능력을 증명하다

*편견과 차별을 이겨 낸 선덕여왕

"능력으로 왕의 자질 증명해"

선덕여왕은 신라 최초의 여왕이자 우리 역사상 최초의 여왕입니다. 신라는 선덕여왕 외에도 진덕여왕과 진성여왕이라는 여왕을 두 명 더 배출했지요. 반만년 우리 역사에서 여왕을 배출한 시기는 오직 신라 시대뿐입니다. 따라서 신라가 능력 위주의 사회였다거나 여성의 지위가 높았던 사회라고 생각할 수 있습니다. 물론 유교 *이념이 확고하게 자리 잡은 조선 시대보다는 신라 시대에 여성의 지위가 상대적으로 높았을 가능성은 있습니다. 하지만 그 이유보다는 **신라가 혈통을 매우 중요하게 여긴 사회였기 때문에 여왕이 존재할 수 있었던 것이지요.**

신라는 그 어떤 나라보다도 *폐쇄적인 신분 제도를 가지고 있었어요. 바로 '골품제'였지요. '골'은 왕족, '품'은 귀족을 의미합니다. 여기서 왕족은 다시 성골과 진골로 나뉘어요. 이 중에서 성골 신분만 왕의 자리에 오를 수 있었습니다.

아들이 없었던 진평왕은 친족 중에서 왕위 계승자를 선택하지 않았습니다. 아버지 동륜과 자신의 피를 물려받은 신성한 성골 후계자인 덕만공주에게 왕위를 물려준 것이지요.

당시 신라 사회에서는 성별보다 혈통과 신분을 더 중요하게 여겼어요. 『삼국유사』에는 당시 상황에 대해 "성골 남자가 다하여 여왕을 세웠다."라

편견
공정하지 못하고 한쪽으로 치우친 생각.

이념
이상적인 것으로 여겨지는 생각이나 견해.

폐쇄적
외부와 통하거나 교류하지 않는 것.

큰별 칼럼

고 전하고 있습니다. 선덕여왕이 *후사 없이 사망한 이후 사촌 동생인 승만공주가 왕의 자리를 이어받아 신라의 두 번째 여왕인 진덕여왕이 된 것도 같은 이유 때문이었어요.

하지만 아무리 *신성한 혈통이라고 해도 왕이 여성이다 보니 나라 안팎에서 인정받기가 쉽지 않았습니다. 즉위 전부터 여자가 왕위를 물려받는 것에 불만을 품은 자들이 반란을 일으켰어요. 당 태종은 자신의 친족 중에서 왕이 될 만한 자를 보내 주겠다고까지 했지요.

선덕여왕은 편견과 차별에 시달렸지만, 백성들이 안정된 삶을 누릴 수 있도록 끊임없이 노력했습니다. 고구려와 백제의 공격이 이어지는 상황 속에서도 여러 절과 탑을 지어 불교를 중심으로 나라의 힘을 모으고자 했

후사
대를 잇는 자식.

신성하다
고결하고 거룩하다.

| 제14호 | 삼국 시대 _ 신라 |

으며, 당과의 외교 활동을 강화했습니다. 또 김춘추, 김유신과 같은 인재를 발굴하여 삼국 통일의 *초석을 마련하기도 했습니다.

만약 선덕여왕이 주위 시선을 이겨 내지 못한 채 남성들 손에 정치를 맡기고 그림자처럼 지냈다면 어떻게 되었을까요? 아마도 신라의 삼국 통일은 없었을지도 모릅니다.

선덕여왕은 비록 혈통 덕분에 왕위에 오르긴 했지만, 단지 '역사상 최초의 여왕'이라는 타이틀에 머무르지 않았습니다. *성군이 되기 위해 끊임없이 고민하고, 노력하며, 사회의 편견과 당당히 맞서 싸웠습니다. 우리가 선덕여왕을 기억해야 하는 이유는 단순히 '우리 역사상 최초의 여왕'이기 때문이 아닙니다. 온갖 차별과 어려움을 이겨 내며 자신의 능력을 스스로 입증해 낸 훌륭한 리더였기 때문입니다.

초석
어떤 사물의 기초.

성군
어질고 덕이 뛰어난 임금.

큰별쌤 최태성의 한국사신문   삼국 시대 _ 가야

제 15 호
가야 연맹, 철기 문화를 발전시키다

◆ 김수로, 금관가야 건국　◆ 금관가야, 전기 가야 연맹 주도　◆ 대가야, 후기 가야 연맹 주도

1. 금관가야, 철 수출로 경제 성장 가속화
2. 〈큰별 인터뷰〉 가야가 철의 왕국으로 불리게 된 비결은?
3. 대가야, 가야 연맹의 중심으로 지각 변동!
4. 〈큰별 칼럼〉 철의 왕국 가야, 삼국과 함께한 우리의 역사

제15호   삼국 시대 _ 가야

금관가야, 철 수출로 경제 성장 가속화

해외 상인들, 가야의 철제품에 '엄지척'

최근 가야 연맹이 신라와 경쟁할 만큼 세력이 강화되어 국제 사회에 놀라움을 주고 있다. 가야 연맹은 한반도 남쪽 낙동강 유역에 위치한 여러 작은 나라들로 이루어진 연맹 왕국으로, 오랜 기간 독자적인 세력을 유지해 왔다. 가야 연맹은 최근 들어 경제력이 크게 성장하면서 한반도 내에서의 입지가 커지게 되었다. 전문가들은 가야 연맹의 성장이 철의 수출과 밀접한 관련이 있다고 분석하고 있다.

큰별 기사

현재 가야 연맹을 이끌고 있는 **금관가야에서는 철이 풍부하게 생산되고 있다.** 그뿐 아니라 **땅이 기름지고 물이 풍부해 농업 생산력이 매우 높은 것으로** 알려졌다. 게다가 낙동강 하류가 바다로 바로 이어지는 곳에 자리 잡고 있어 국제무역에도 유리하다. 실제로 금관가야는 낙랑과 왜에 철을 수출하며 막대한 경제적 이익을 얻고 있다.

질 좋은 철을 사기 위해 금관가야를 찾은 왜의 상인은 "가야의 철제품은 왜에서 큰 인기를 끌고 있어, 몇 달씩 기다려야 살 수 있는 경우도 많다."라고 말했다.

또 낙랑에서 온 한 상인은 "금관가야에서 만든 철제품은 특히 품질이 좋다."라며 엄지를 치켜세우기도 했다. 이어 "낙동강을 따라 쉽게 오갈 수 있어서 상인이라면 꼭 들러야 하는 곳"이라고 덧붙였다.

가야 연맹, 중앙 집권 체제로 전환 필요

한편, 오랫동안 가야의 상황을 주의 깊게 지켜본 한 국제 정세 전문가는 가야 연맹이 하나의 나라로 통일되지 못하고 여전히 정치적으로 느슨하게 연합하고 있는 상황에 대해 우려를 나타냈다. **가야 연맹을 구성하는 각 나라들은 독립성이 매우 강해 여러 왕이 각자의 지역을 따로 다스리고 있다.** 그는 이런 연맹 체제가 갖는 위험성을 지적한 것이다.

이 전문가는 "힘 있는 금관가야가 연맹의 중심을 잡고 있을 때는 큰 문제가 없어 보일 수 있다. 하지만 만약 금관가야가 흔들린다면, 다른 나라들도 도미노처럼 무너질 수 있다."라며 "가야 연맹은 하루빨리 중앙 집권 체제로 전환할 필요가 있다."라고 분석했다.

제15호 　삼국 시대 _ 가야

가야가 철의 왕국으로 불리게 된 비결은?

가야를 '철의 왕국'이라고 부르죠. 김해와 고령 등에 있는 가야의 고분군에서는 다양한 철기가 출토되었습니다. 낙동강 유역의 작은 나라들이 모여 만든 연맹 왕국 가야는 어떻게 뛰어난 철기 문화를 꽃피울 수 있었을까요? 오늘은 가야 최고의 철기 장인을 모시고 그 비결을 들어 보겠습니다.

큰별

가야 최고의 철기 장인이시라고 들었습니다. 우선 어떤 철기를 만드시는지 소개해 주실 수 있을까요?

철기 장인

음, 일단 철로 만든 판갑옷과 투구 같은 각종 무기를 만들지. 괭이랑 낫, 도끼 같은 농기구까지 철로 만든다네. 철기로 만들 수 있는 건 거의 다 만

큰별 인터뷰

든다고 봐야지. 특히 판갑옷은 사람 몸에 딱 맞아야 해. 아주 높은 수준의 제작 기술이 필요한 작업이라네. 가야에서는 말에게도 갑옷을 입힌다는 사실을 알고 있나? 그 갑옷은 물고기 비늘 모양 철 조각을 하나하나 이어 붙인 거라서 꽤 근사하다네.

역시 자부심이 대단하시군요! 그런데 왜 가야에서 유독 철기 문화가 발달했을까요? 가야만의 특별한 비결이라도 있나요?

특별한 비결이랄 게 뭐 있겠나! 가장 단순하면서도 중요한 이유는 가야 지역에 질 좋은 철광석이 풍부했기 때문이라네. 가야의 대표적인 철 생산지인 김해에는 그야말로 철이 넘쳐 났지. '덩이쇠'라고 들어 보았는가? 일정한 모양으로 만든 철 덩어리인데, 가야에서는 물건을 사고팔 때 화폐처럼 쓰이기도 하지.

정말 대단하군요! 가야에 철광석이 풍부하다는 것 외에 가야가 철의 왕국이 될 수 있었던 또 다른 이유가 있을까요?

거참, 기자 양반도 참 집요하구먼. 물론이지! 솜씨 좋은 장인들의 뛰어난 철기 제작 기술도 가야가 철의 왕국으로 불리는 데 한몫했지. 아까 내가 가야에 철이 넘쳐 난다고 하지 않았나? 철이 많이 나니, 당연히 다른 나라보다 철 제련 기술이나 철기 제작 기술이 발달할 수밖에 없었지. 우리 가야에 유독 나 같은 철기 장인이 많은 것도 다 그 때문이라네. 다들 어려서부터 철을 만지며 자랐거든.

가야가 철의 왕국이 될 수 있었던 건 풍부한 철광석을 바탕으로 철 제련 기술과 철기 제작 기술을 발전시켰기 때문이군요. 가진 자원을 효과적으로 활용하여 자신들만의 강점을 만들어 낸 가야인들의 모습을 만날 수 있었습니다. 여기까지 큰별 기자였습니다.

제15호 삼국 시대_가야

대가야, 가야 연맹의 중심으로 지각 변동!

금관가야

대가야, 가야 연맹 중심 세력으로 급부상

대가야가 가야 연맹의 중심 세력으로 떠올랐다. 가야 연맹의 주도권이 금관가야에서 대가야로 이동한 것이다. 이는 지난 400년에 고구려군이 신라에 침입한 왜의 군대를 격퇴한 사건이 주요한 영향을 미친 것으로 보인다.

왜가 신라에 침입했을 당시 신라의 내물왕은 고구려에 긴급 구원을 요청한 것으로 알려졌다. 이에 고구려의 광개토 태왕은 군대를 신라에 파견했다. 고구려군은 신라에 쳐들어왔던 왜의 군대를 단숨에 물리치는 데 성공했다. 이때 고구려군은 김해 지역으로 도망가는 왜의 군대를 끝까지 추격했는데, 이 과정에서 김해의 금관가야가 고구려군에 큰 타격을 입었다. 이 사건 이후 가야 연맹의 *맹주였던 금관가야는 급속히 힘을 잃고 쇠퇴의 길로 접어들었다.

고구려군, 가야 연맹 정치적 지형 뒤흔들어

대가야는 금관가야와 지리적으로 떨어진 고령 지역에 위치한 덕분에 고구려군의 공격에 큰 피해를 입지 않은 것으로 알려졌다. 대가야는 금관가야의 세력이 약해진 틈을 타 혼란을 수습하고, 자연스럽게 가야 연맹의 주도권을 차지한 것으로 보인다.

대가야의 한 고위 관리는 "고구려군의 공격으로 가야 연맹의 판도가 크게 흔들렸다."라며 "가야 연맹에 속한 입장에서는 안타까운 일이지만, 대가야에게는 새로운 기회가 될 수도 있다."라고 말했다.

하지만 고구려와 백제, 신라가 중앙 집권 국가로 성장하며 서로 활발한 정복 전쟁을 벌이고 있는 상황에서 대가야를 중심으로 한 가야 연맹이 이들과 경쟁하며 살아남을 수 있을지는 미지수이다.

실제로 금관가야가 쇠퇴한 이후, 백제와 신라는 가야 지역에 대한 압박을 더욱 강화하고 있다. 이에 따라 대가야의 대응이 어느 때보다 중요한 시점이 되었다. 금관가야를 대신해 가야 연맹의 맹주가 된 대가야가 앞으로 연맹을 잘 이끌어 갈 수 있을지, 관심이 집중되고 있다.

*맹주 어떤 집단이나 나라들 사이에서 중심이 되어 이끄는 사람이나 나라.

제15호 삼국 시대 _ 가야

철의 왕국 가야, 삼국과 함께한 우리의 역사

500년 이상 독립적으로 연맹 체제를 구축했던 가야

"주변 나라와 활발히 교류하던 철기 강국"

고구려, 백제, 신라가 한반도의 주도권을 차지하려고 치열하게 경쟁하던 시기를 우리는 '삼국 시대'라고 부릅니다. 그 무렵 한반도 남쪽 낙동강 유역에는 가야 연맹이 6세기까지 삼국과 함께 세력을 유지하고 있었어요. 그럼에도 우리가 그 시대를 '사국 시대'가 아닌 '삼국 시대'라고 부르는 이유는, 가야가 왕을 중심으로 한 강력한 중앙 집권 국가로 성장하지 못하고 연맹 왕국의 형태에 머물렀기 때문입니다.

그렇다면 가야는 왜 고구려, 백제, 신라처럼 강한 고대 국가로 발전하지 못했을까요? 여러 이유가 있겠지만, 가장 큰 이유는 가야를 구성하는 나라들이 각자 잘 먹고 잘살았기 때문이에요.

가야는 철기 문화가 매우 발달한 나라였어요. 당시 철광석을 녹여 순수한 철을 얻고 이를 이용해 철기를 만드는 데는 오늘날 반도체를 만드는 것만큼이나 수준 높은 기술력이 필요했지요. 철은 청동보다 훨씬 단단해 더 강력한 무기를 만들 수 있었고, 철제 농기구를 사용하면 농사도 훨씬 효율적으로 지을 수 있었지요.

당시 가야는 철을 다루는 수준이 가장 앞서 있었어요. 그래서 한반도 주변 나라들은 질 좋은 철을 얻기 위해 앞다투어 가야와 교류했죠. 철을 다루는 기술을 배우려고 가야에 머무는 왜의 사람도 많았지요. 이렇게 사

큰별 칼럼

람과 돈이 몰리면서 가야는 경제적으로나 문화적으로 매우 풍요로웠습니다. 각 나라가 두루 잘살았기 때문에, 굳이 왕 한 사람을 중심으로 힘을 모을 필요성을 느끼지 못했어요.

중앙 집권 국가로 성장한 고구려, 백제, 신라는 강한 왕권을 바탕으로 나라의 힘을 빠르게 키워 나갔습니다. 하지만 가야는 여전히 연맹 형태를 유지한 채 하나의 강력한 나라로 통합되지 못했지요. 삼국이 서로 세력을 넓히기 위해 치열하게 경쟁하면서, 가야는 점점 더 위태로운 상황에 놓이게 됩니다. 특히 가야는 백제와 신라 사이에 위치했기 때문에, 두 나라로부터 끊임없는 압박을 받을 수밖에 없었습니다. 결국 가야 연맹은 점차 힘을 잃어 갔고, 562년 신라에 완전히 *병합되며 역사 속으로 사라지게 됩니다.

병합되다
둘 이상의 나라가 하나로 합쳐지다.

제15호   삼국 시대 _ 가야

하지만 가야 연맹은 무려 500년 넘게 유지되었습니다. 우리가 흔히 우리나라의 고대 역사를 '삼국 시대'라고 부르지만, 가야가 신라에 완전히 병합된 시기는 562년이고, 백제가 멸망한 시기는 660년이에요. 즉, 실제로 '삼국'만 존재했던 시기는 100년도 되지 않는다는 뜻이지요.

가야의 최대 영토는 고구려에 비하면 작았어요. 그렇지만 백제와 신라에 비해서는 결코 작았다고 할 수 없습니다. 가야는 주변 나라들과 활발히 교류하며 독창적이고 수준 높은 문화를 발전시켰습니다.

이처럼 가야는 우리나라 고대 역사에서 중요한 위치를 차지하지요. 그런데 고구려, 백제, 신라를 중심으로 *고대사가 연구되면서 가야의 역사는 충분히 조명받지 못했습니다.

가야 역시 우리가 반드시 기억하고 관심을 가져야 할 소중한 우리 역사입니다. 삼국 시대에는 고구려, 백제, 신라와 함께 '철의 왕국' 가야도 존재했음을 꼭 기억해야겠습니다.

고대사
고대 시대의 역사.

가야 판갑옷과 투구
(국립 공주 박물관)

큰별쌤 최태성의 한국사신문

통일 신라

제16호 신라, 삼국 통일의 주인공이 되다

◆ 김춘추, 진골 출신 최초로 즉위 ◆ 문무왕, 삼국 통일 완성

1. 신라 최초의 진골 출신 왕 탄생!
2. 〈큰별 인터뷰〉 '킹메이커' 김유신을 만나다
3. 신라, 마침내 삼국 통일
4. 〈큰별 인터뷰〉 신라 백성들에게 듣는 삼국 통일의 의미
5. 〈큰별 칼럼〉 끝날 때까지 끝난 게 아니다

제16호 통일 신라

신라 최초의 진골 출신 왕 탄생!

김춘추, 화백 회의의 요청에 따라 왕위에 올라

654년, 진골 출신인 김춘추가 신라의 제29대 왕으로 즉위했다. 신라 역사상 진골 신분이 왕이 된 것은 이번이 처음이다. 그동안 신라에서는 성골 출신만 왕위를 계승할 수 있었다. 그러나 진덕여왕이 후사 없이 사망하면서 신라에는 왕이 될 수 있는 성골이 단 한 명도 남지 않게 되었다. 이에 여러 신하들이 화백 회의의 의장인 상대등 알천에게 왕위를 이어받아 달라고 요청했다. 그러나 알천은 이를 정중히 사양하고, 대신 김춘추를 왕으로 추천한 것으로 전해진다.

알천은 "신라의 왕이 될 자로는 덕망이 높은 김춘추만 한 이가 없다. 김춘추는 실로 세상을 다스릴 뛰어난 *영웅호걸이라 할 만하다."라고 말한 것으로 알려졌다. 김춘추는 화백 회의의 요청을 세 차례나 사양했지만, 결국 그 뜻을 받아들여 왕위에 오르게 되었다. 이 과정에서 신라 최고의 장수이자 김춘추의 최측근인 김유신의 전폭적인 지지도 큰 힘이 된 것으로 알려졌다.

한편, 당시 화백 회의에 참여했던 술종은 알천이 왕의 자리를 양보한 배경에 대해 "김춘추와 김유신이 이미 실권을 장악하고 있는 상황이었기 때문에 본인이 왕이 된다고 해도 그 자리를 지킬 자신이 없었을 것"이라고 귀띔하기도 했다.

나당 군사 동맹을 성사시킨 '외교의 달인'

김춘추는 김유신과 함께 신라의 신흥 귀족 세력을 대표하는 인물이다. 그는 신라의 제25대 왕인 진지왕의 아들 김용춘과 제26대 왕인 진평왕의 딸 천명 부인 김 씨 사이에서 태어났다. 하지만 할아버지인 진지왕이 폐위되면서 후손들은 중앙 정치에서 밀려나게 되었다. 그러다가 선덕여왕 때 기회를 얻어 주요 관직을 역임했다. 김유신과 함께 상대등 비담의 반란을 진압하고 진덕여왕을 왕위에 올리면서 사실상 정권을 장악했다.

특히 김춘추는 백제의 공격으로 대야성이 함락되는 등 신라가 큰 위기에 빠지자, 이를 극복하기 위해 당으로 가 동맹을 제안한 인물이다. 그는 죽음을 무릅쓰고 직접 당으로 건너가 외교 협상을 벌였고, 결국 당과의 군사 동맹을 성사시키며 '외교의 달인'이라는 평가를 받았다. 나당 동맹을 주도한 김춘추가 왕위에 오르면서, 신라는 백제 정벌을 위해 당과 본격적인 공동 군사 작전을 펼쳐 나갈 것으로 보인다.

***영웅호걸** 영웅과 호걸을 아울러 이르는 말로, 용기 있고 능력이 뛰어난 훌륭한 사람들을 뜻함.

제16호 통일 신라

'킹메이커' 김유신을 만나다

김유신은 무열왕이 왕위에 오르는 데 큰 역할을 했습니다. 그뿐 아니라 신라의 삼국 통일을 이끈 주역으로도 평가받고 있지요. 오늘은 김유신 장군을 모시고, 그가 어떻게 신라 최고의 장수가 되었으며, 삼국 통일을 이끌어 나갔는지 알아보겠습니다.

큰별: '무열왕 옆에는 김유신이 있다.' 장군님께서는 이런 말을 들어 보셨나요? 두 분의 인연은 언제 시작된 건가요?

김유신 장군: 내가 무열왕과 본격적으로 가깝게 지낸 건 선덕여왕 때부터라고 할 수 있지요. 당시 우리 두 사람은 처지가 비슷했습니다. 저는 금관가야 왕족

출신이라 신라 귀족들로부터 견제받고 있었어요. 무열왕 역시 할아버지이신 진지왕이 귀족들에 의해 쫓겨났던 터라 왕족임에도 중앙 정치에 발을 들여놓지 못하는 상황이었습니다.

선덕여왕께서는 비주류였던 우리를 파격적으로 중용하셨습니다. 그때부터 저와 무열왕은 서로를 알아보았고 마음이 잘 통해 금세 가까워졌습니다. 자연스럽게 서로 힘을 합쳐야겠다고 생각하게 되었죠.

장군께서는 무열왕과 여동생 문희를 결혼시키려고 노력하신 것으로 알고 있습니다. 당시 상황을 설명해 주시겠습니까?

하하! 맞습니다. 저는 무열왕과 더욱 가까워지고 싶어서 한 가지 꾀를 내었지요. 무열왕과 공을 차다가 일부러 그의 옷을 밟아 찢어지게 했어요. 그런 다음 자연스럽게 집으로 데려왔습니다. 그리고 여동생 문희를 불러서 옷을 꿰매 주라고 한 거지요. 결국 제 계획대로 무열왕과 문희는 사랑에 빠져 결혼하게 되었습니다.

이런 친밀한 관계를 바탕으로, 두 분은 힘을 키워 마침내 권력을 장악하신 거군요. 장군께서는 특히 전쟁터에서의 활약이 눈에 띄었습니다. 가장 기억에 남는 전투가 있다면 어떤 전투인지 말씀해 주시겠습니까?

명장 계백이 이끄는 결사대를 물리쳤죠. 그리고 당군과 연합해 백제 사비성을 무너뜨리고 의자왕의 항복을 받아 낸 순간은 지금도 잊을 수 없습니다.

그들은 서로의 필요를 채워 주며 마침내 꿈을 이루게 됩니다. 무열왕은 진골 최초의 왕이 되었습니다. 또 김유신은 삼국 통일의 주역으로 신라의 영웅이 되었죠. 정말로 환상의 짝꿍이 아니었나 싶네요. 여기까지 큰별 기자였습니다.

제16호　　통일 신라

신라 마침내 삼국 통일

문무왕, 676년 삼국 통일 위업 달성

676년, 신라가 당을 물리치고 마침내 삼국을 통일했다. 661년 무열왕에 이어 왕위에 오른 문무왕은 아버지인 무열왕의 뜻을 이어받아 계속해서 통일 전쟁을 이끌었다. 그리고 마침내 고구려와 당을 차례로 제압하면서 삼국 통일의 위업을 달성했다.

지난 660년, 나당 연합군은 백제의 수도 사비성을 함락시키고 백제를 멸망시켰다. 이후 곧바로 고구려 정벌에 나섰으나 이렇다 할 성과를 내지 못하고 퇴각했다.

666년, 고구려의 권력을 쥐고 있던 연개소문이 사망하자 상황은 급변했다. 강력한 지도자가 사라지면서 고구려 지배층 사이에서는 권력 다툼이 벌어졌고, 내부가 분열되면서 스스로 무너지기 시작했다. 이 틈을 타 신라와 당은 다시 고구려 정벌에 나섰고, 668년 평양성을 함락해 고구려의 보장왕으로부터 항복을 받아 냈다. 백제에 이어 고구려까지 무너뜨리며 신라는 삼국 통일을 완수한 듯 보였으나, 당은 신라와의 약속을 깨고 한반도 전체를 차지하려는 야욕을 드러냈다. 이에 신라는 당과의 전쟁에 돌입했다.

신라, 매소성과 기벌포 전투에서 당에 '대승'

신라의 한 고위 관리는 "당과 처음 동맹을 맺을 때 백제 땅과 고구려의 평양 이남 땅은 신라가 차지하기로 합의했다. 그런데 당은 처음부터 약속을 지킬 생각이 없었던 것으로 보인다."라고 밝혔다.

실제로 당은 전쟁이 끝난 뒤, 백제와 고구려 영토에 각각 웅진도호부와 안동도호부라는 관청을 설치했다. 이를 통해 그 지역을 직접 다스리려 했던 것이다. 당은 나아가 신라까지 자신들의 지배하에 두려는 계획을 세웠던 것으로 알려졌다.

이처럼 당이 한반도 전체를 지배하려는 의도를 노골적으로 드러내자, 문무왕은 당과의 전쟁을 피할 수 없다고 판단한 것으로 보인다. 신라는 고구려 부흥 운동을 지원해 당이 고구려 전역을 완전히 장악하지 못하도록 견제하는 한편, 웅진도호부를 공격해 백제 지역에서 당군을 몰아내기 시작했다.

이후 여러 차례에 걸친 당의 침공으로 신라는 몇 차례 위기를 맞기도 했다. 하지만 **신라는 675년 매소성 전투에서 당의 20만 대군을 물리쳤다.** 이어 벌어진 **676년 기벌포 전투**에서는 설인귀가 지휘하는 당의 수군까지 격파했다. 마침내 약 7년간 이어진 **나당 전쟁**은 신라의 승리로 막을 내렸다. 이로써 신라는 대동강 이남 지역까지 영토를 확보하며 삼국 통일을 달성하게 되었다.

제16호 　통일 신라

신라 백성들에게 듣는 삼국 통일의 의미

　백제와 고구려를 차례로 멸망시킨 신라가 지금 막 당의 군대까지 한반도에서 몰아내며 삼국 통일을 이뤄 냈다는 소식이 속보로 전해졌습니다! 이 소식을 들은 신라 백성들은 대체로 기뻐하는 가운데 차분함을 유지하고 있습니다. 오늘은 신라의 수도 금성에서 백성들의 생생한 목소리를 직접 전해 드리겠습니다.

큰별
혹시 삼국 통일 소식을 들으셨는지요? 지금 기분이 어떠신가요?

박 씨
　처음엔 가짜 뉴스인 줄 알았다니까요? 사실 말을 안 해서 그렇지 저뿐만 아니라 그동안 백성들은 정말 힘들었답니다. 오랫동안 전쟁에 시달리면서 남자들은 계속 전쟁터에 끌려 나갔잖아요. 또 군량미다 뭐다 하면서 세금도 엄청나게 많이 거두어 갔고요.

큰별 인터뷰

저도 당연히 기쁘긴 했습니다. 그렇지만 한편으로는 좀 걱정이 되기도 해요. 저기 바다 건너 당은 엄청 크고 강한 나라라고 하던데요? 삼국 통일도 당나라의 도움을 받아 이루어 낸 거라고 들었거든요. 그런데 이제는 적이 되었으니 또 전쟁이 날까 봐 두려워요. 하지만 문무왕께서 우리를 지켜 주실 거라고 믿습니다.

저쪽에 호외를 보며 말다툼하고 계신 분들도 있습니다. 왜 다투고 계시는지 들어 보겠습니다. 무슨 일로 다투고 계신가요?

아니, 이 자가 자꾸 당의 도움을 받아 통일하는 바람에 저기 북쪽에 고구려가 차지하고 있던 넓은 땅을 대부분 잃었다고 주장하지 않나. 당과 동맹을 맺기 위해 목숨을 걸었던 무열왕께서 이 말을 들었다면 무덤에서 벌떡 일어나 호통을 치실 걸세!

어허, 누가 그걸 몰라? 그러니까 아쉽다는 거잖아. 자칫 잘못했다간 당의 계략대로 한반도가 통째로 저들 손에 넘어갈 뻔한 건 사실이 아닌가 말이야. 내 말은 다른 나라를 끌어들이지 않고 신라의 힘만으로 통일했다면 더 좋았다는 걸세!

신라 혼자서 백제와 고구려를 물리치고 삼국을 통일한다? 아이고, 그건 현실적으로 불가능했을 거예요. 우리 신라가 두 나라에 비해 오랫동안 힘이 약했던 건 사실이잖아요. 통일할 수 있었던 것만 해도 기적이라고 봐야죠.

신라의 백성들은 대체로 삼국을 통일했다는 사실을 기쁘게 받아들이고 있습니다. 그러면서도 마음 한구석에 아쉬움과 불안함을 조금씩 품고 있는 것 같습니다. 신라의 홀로서기에 대한 걱정 때문이겠죠? 여기까지 큰별 기자였습니다.

제16호 통일 신라

끝날 때까지 끝난 게 아니다

지리적 약점과 국력의 열세를 외교로 극복한 신라

"나만의 장점과 특기를 찾아
나만의 무기로 만들 줄 알아야"

'야구는 9회 말 2아웃부터'라는 말이 있습니다. 9회 말 2아웃이면 이미 다 끝난 거 아니냐고 말하는 친구도 있을 거예요. 하지만 야구에서는 아웃 카운트를 하나만 남긴 9회 말 2아웃 상황에서 짜릿한 *역전포가 터져 승패가 뒤집히기도 합니다. 미국의 유명한 야구 선수가 말했듯 '끝날 때까지 끝난 게 아닌' 거지요.

우리 역사에서도 9회 말에 역전승을 거둔 나라가 있습니다. 바로 '신라'입니다. 앞에서도 자세하게 살펴봤듯이 신라는 발전이 가장 더딘 나라였어요. 대륙과 연결되는 북쪽은 고구려가, 황해로 이어지는 주요 수로는 백제가 차지하고 있었어요. 그래서 신라는 지리적으로 선진 문물을 빠르게 받아들이기 어려운 위치에 있었죠. 그러한 탓에 신라는 고구려와 백제보다 항상 한두 발 정도 뒤처질 수밖에 없었어요.

하지만 모두가 알다시피 삼국 통일의 주인공은 신라였습니다. 군사 강국 고구려와 문화 강국 백제와 비교하면 모든 면에서 딱히 내세울 것이 없었던 나라인데 말이죠. 삼국 가운데 가장 뒤처져 있던 약소국 신라가 삼국을 통일할 수 있었던 배경은 무엇일까요?

당시 삼국 중 가장 강국이었던 고구려는 자신감에 넘쳐 있었어요. 김춘

역전포
지고 있던 형세를 뒤집는 홈런.

큰별 칼럼

추가 동맹을 제안하기 위해 고구려를 찾아갔을 때도, 고구려는 그 제안을 받아들이지 않았어요. 오랫동안 군사 강국으로 자리매김해 온 고구려로서는 굳이 약소국 신라와 손잡을 필요성을 느끼지 못했던 것이지요.

하지만 약소국 신라는 고구려와는 달랐습니다. 신라는 자신들의 영토에 쳐들어온 왜를 물리칠 때는 고구려의 도움을 받았어요. 고구려가 남진 정책을 추진하며 위협할 때는 백제와 손을 잡고 고구려에 대항했어요. 그러다 한강 유역을 차지할 때는 백제의 손을 놓고 다시 고구려와 소통했답니다. 삼국 통일을 이룰 때는 당과도 손을 잡았지요.

나당 연합을 두고 외세를 끌어들였다고 비판하는 사람도 있어요. 그렇지만 신라 입장에서는 다르게 해석할 수 있어요. 고구려와 동맹이 성사되지 않은 상황에서는 나당 연합이 당시 신라가 선택할 수 있는 사실상 유

제16호 통일 신라

일한 선택지였던 셈이니까요. 이처럼 신라는 살아남기 위해서라면 누구와도 손잡을 준비가 되어 있었어요.

신라는 지리적 약점과 국력의 열세를 외교로 극복했습니다. 고구려는 군사 강국, 백제는 문화 강국이라고 할 수 있어요. 그런 반면에 신라는 외교 강국이었다고 말할 수 있지요. 신라는 자신만의 속도로 차근차근 국력을 키웠어요. 그리고 묵묵히 시대의 변화에 발맞춰 나갔습니다. **외교를 나라의 생존과 발전의 핵심 도구로 사용한 것이지요. 그리하여 마침내 삼국 통일이라는 짜릿한 역전승을 거둘 수 있었습니다.**

신라가 만들어 낸 극적인 역전승은 지금을 살아가는 우리에게도 큰 의미를 던져 줍니다. 학교에서는 공부를 잘하거나 운동을 잘하거나 외모가 뛰어난 친구가 주목받고 인기를 끌기 마련이에요. 하지만 자신에게 그러한 재능이나 강점이 없다고 하더라도 포기하기에는 일러요. 그보다는 아직 드러나지 않은 자신만의 무기를 찾아보는 건 어떨까요? 군사력이 약했기에 외교력을 길렀던 신라처럼요. 그렇게 자신만의 무기를 찾다 보면 나만의 장점과 특기를 발견하게 될 거예요. 그리고 그 특기로 인생의 *반전을 만들 수 있습니다. 승부는 끝날 때까지 끝난 게 아니니까요.

반전
이야기나 상황이 예상한 것과 완전히 다르게 바뀌는 것.

큰별쌤 최태성의 한국사신문 　　　　　　　　　　　　　　　　　통일 신라

제  호   신라, 번영을 이루다

◆ 신문왕, 김흠돌의 난 진압·관료전 지급, 녹읍 폐지·9주 5소경 정비 　◆ 원효, 불교 대중화 　◆ 불국사·석굴암

1. 만파식적, 과연 신라에 태평성대 가져다줄까?
2. 신문왕 대대적 개혁 단행, 왕권 강화 선언
3. 〈큰별 인터뷰〉 불교 대중화의 주인공, 원효를 만나다
4. 불국사 완공, 통일 이후 신라 문화의 절정 맞이해
5. 〈큰별 칼럼〉 신라의 번영, 평화에서 시작되다

만파식적, 과연 신라에 태평성대 가져다줄까?

'만파식적'은 문무왕이 내려준 보물?

682년, 감은사 인근 바다에 용이 나타났다는 사실이 뒤늦게 알려졌다. 익명을 요구한 신라 왕실 관계자에 따르면, 어느 날부터 동해에 거북 모양의 작은 바위산이 나타나 물결을 따라 움직이는 모습이 목격되었다고 한다. 또 바위산 위에 대나무가 서 있었는데 낮에는 갈라져 둘이 되었다가 밤에는 하나로 합쳐졌다고 전했다.

이를 이상하게 여긴 신문왕은 천문과 점술을 담당하는 관리인 김춘칠을 불러 점을

치게 했다. 김춘칠은 "죽어서 바다의 용이 된 문무왕과 하늘의 신이 된 김유신 장군이 마음을 합쳐 나라를 지킬 보물을 내려주실 징조"라고 해석했다. 이어 "신문왕께서 직접 바닷가로 가신다면 값을 매길 수 없는 큰 보물을 얻을 수 있을 것"이라고 덧붙였다.

이에 신문왕은 신하들을 이끌고 바닷가를 찾았다. 그때 용이 나타나 "바위산의 대나무로 피리를 만들면 천하가 태평해질 것"이라고 말한 뒤 사라졌다고 전해진다. 이에 신문왕은 곧바로 대나무를 가져와 피리를 만들고 '만파식적'이라는 이름을 붙였다. '만파식적'은 '모든 물결과 걱정을 잠재우는 피리'라는 뜻으로, 앞으로 나라의 평화와 안녕을 상징하는 귀중한 보물이 될 것으로 보인다.

681년 서거한 문무왕의 '유언' 주목

한편, 이번에 용이 나타났다고 알려진 장소가 감은사와 대왕암 근처인 것으로 밝혀졌다. 그러면서 지난 681년 서거한 문무왕의 유언이 다시 한번 주목받고 있다. 문무왕은 살아 있을 때 "죽어서도 용이 되어 왜구로부터 신라를 지키겠다."라는 말을 자주 했으며, 죽기 직전에는 자신을 불교식으로 화장해 동해에 묻어 달라고 유언한 것으로 전해졌다. 이에 신문왕은 아버지의 유언대로 동해 한가운데 있는 바위섬에 수중 왕릉을 만들어 장례를 치른 것으로 알려졌다. 신라 사람들은 문무왕이 잠든 바위를 '대왕암'이라고 부르고 있다.

이런 소식을 전해 들은 백성들은 "소름이다…죽어서도 신라를 지키겠다고 했다던 문무왕이 정말 용이 되어 나타났네.", "이제부터 신라에 위기가 닥칠 때마다 저 피리만 불면 될 듯?", "진짜인지 아닌지는 몰라도, 나라의 걱정을 없애고 평화를 바라는 신라 왕실의 마음이 담긴 건 분명하네." 등 다양한 반응을 보였다.

제17호 통일 신라

신문왕 대대적 개혁 단행
왕권 강화 선언

김흠돌의 난 계기로 왕권 강화에 총력

신문왕이 정치, 경제, 문화 등의 전 분야에서 다양한 개혁을 시도하며 왕권 강화에 전력을 기울이고 있다. 신문왕이 이토록 왕권 강화에 힘쓰는 건 지난 681년 '김흠돌의 난'이 계기가 된 것으로 보인다. 김흠돌은 삼국 통일 전쟁에서 큰 공을 세운 진골 귀족이며, 신문왕의 장인이기도 하다. 그러나 그는 귀족을 대표하는 최고 관직인 상대등에 임명되지 못했다. 게다가 딸인 신문왕비가 아들을 낳지 못하자, 권력에서 밀려날 것을 걱정해 반란을 일으킨 것으로 전해진다.

신문왕은 김흠돌의 반란을 빠르게 제압했다. 반란에 가담한 진골 귀족뿐만 아니라,

반란 계획을 알고도 고발하지 않은 사람까지 전부 처형하며 철저하게 응징했다. **왕실 고위 관계자는 "신문왕은 자신의 권위에 도전하는 진골 귀족들의 반란을 진압하고 숙청하는 과정에서 반드시 왕권 강화를 이뤄야 함을 느꼈을 것"이라고 말했다.**

이후 신문왕은 왕권을 강화하기 위해 왕의 명령을 받아 여러 업무를 처리하는 집사부 시중의 권한을 대폭 확대했다. 한 정치 전문가는 "왕의 오른팔인 집사부 시중의 권한이 강화되면, 자연스럽게 귀족들의 대표인 상대등의 권한은 약해질 수밖에 없다."라고 설명했다. 이어 "이는 국정이 왕을 중심으로 운영되면서, 진골 귀족들의 힘이 약해지는 결과로 이어질 것"이라고 분석했다.

정치, 경제, 문화 등 모든 분야에서 개혁

경제 분야의 개혁에서도 신문왕의 왕권 강화 의지를 엿볼 수 있다. 689년, 신문왕은 관리들에게 관료전을 지급하고 녹읍을 폐지하였다. 관료전은 토지에서 세금만 거둘 수 있는 반면, 녹읍은 세금뿐만 아니라 노동력까지 징발할 수 있어 귀족들의 권력을 뒷받침해 주는 수단이 되었다. 신문왕이 이러한 개혁을 추진한 것은 귀족들이 노동력을 자칫 군사력으로 전환할 수 있다는 우려 때문이라는 분석이 지배적이다. 이 외에도 지방 세력을 견제하기 위해 지방 행정 제도를 새로 마련한 것으로 알려진다. 신문왕의 치밀한 왕권 강화 정책에 귀족들은 혀를 내두르고 있다.

전국을 9개 주로 나누고 작은 수도를 5개 설치합니다

통일 이후 늘어난 영토를 효과적으로 관리하고, 수도가 한쪽에 치우친 문제를 해결하기 위해 지방 행정 제도를 개편합니다.
685년부터는 옛 고구려와 백제 땅을 포함해 신라 전역을 9주로 나누고, 주요 지역에 5개의 소경을 설치할 예정이오니 착오 없으시기 바랍니다.

제17호 　 통일 신라

불교 대중화의 주인공 원효를 만나다

신라의 승려 원효는 일반 백성에게 불교를 알리려고 노력한 인물로 잘 알려져 있습니다. 오늘은 지배층 중심이었던 불교를 백성들에게 퍼뜨리는 데 큰 역할을 한, 신라 불교계의 슈, 슈, 슈, 슈퍼스타! 원효 대사님을 모시고 이야기 나눠 보겠습니다.

큰별: 아무래도 '원효 대사' 하면 가장 먼저 떠오르는 게 바로 '해골 물' 에피소드입니다. 그때 상황부터 간단하게 설명해 주시겠습니까?

원효: 승려 의상과 함께 당으로 유학길에 올랐을 때였지. 밤이 늦어 가까운 동굴에서 하룻밤을 묵게 되었네. 밤에 자다가 목이 말라 잠이 깼지. 손을 더

들어 보니 바가지가 손에 잡히는데 그 안에 물이 있는 게 아니겠나? 그 물을 달게 마시고 다시 잠이 들었지. 그런데 아침에 깨 보니 간밤에 마신 물이 해골에 고인 물이었지 뭔가.

나는 구역질을 하다가 순간 깨달았지. 세상의 모든 것이 마음먹기에 달려 있다는 것을 말일세. 그길로 나는 의상과 헤어져 신라로 돌아왔다네. 진리는 밖에서 찾을 것이 아니라 내 안에서 찾아야 한다는 걸 알았으니까. 유학을 떠날 이유가 사라진 게지.

심오한 깨달음이네요. 신라로 돌아온 뒤에 무슨 일을 하셨나요?

나는 백성들의 삶 속으로 직접 들어가 불교를 알리기로 마음먹었어. 그래서 복잡한 규칙이나 형식에 얽매이지 않고, 시장과 거리 곳곳을 누비고 다니며 사람들과 어울렸지. 어려운 경전이나 교리는 제쳐 두고, '나무아미타불'만 열심히 외우면 누구나 극락에 갈 수 있다고 쉽게 설명했어. 그렇게 몇 년을 돌아다니자 백성들도 점점 불교를 친근하게 느끼기 시작했지.

원효 스님께서 만드신 「무애가」가 크게 인기를 끌었다는데요?

허허. 「무애가」는 '글을 모르는 백성들이 어떻게 하면 불교의 가르침을 쉽게 배울 수 있을까' 고민하다가 만든 노래라네. '무애'는 막히거나 거칠 것이 없는 자유자재한 것을 의미하지. 나는 전국 방방곡곡을 다니며 표주박을 들고 춤을 추며 「무애가」를 불렀다네. 말 그대로 대박이 났지.

춤을 추고 노래하며 백성들에게 불교를 전한 원효! 그는 오랜 전쟁으로 지치고 힘든 삶을 살던 백성들에게 희망이 되어 주었습니다. 원효가 신라 백성들의 슈퍼스타가 된 이유입니다. 여기까지 큰별 기자였습니다.

제17호 통일 신라

불국사 완공, 통일 이후 신라 문화의 절정 맞이해

경주 불국사의 청운교와 백운교
(경상북도 경주시)

현실 세계에 구현한 '부처님의 나라'

774년, 불국사가 30여 년간의 공사 끝에 마침내 완공되었다. 경주 토함산 자락에 세워진 불국사는 이름에서도 알 수 있듯이 '부처님이 사는 나라'를 이 세상에 구현하겠다는 신라 사람들의 바람이 담겨 있다.

불국사 건축을 총감독한 왕실 관계자는 "신라 최고의 장인들이 총동원되어 30년이라는 긴 시간을 고스란히 바친 결과물"이라고 감격에 차서 말했다. 그는 또 "불국사는 웅장함과 아름다움을 동시에 느낄 수 있는 절이다. 앞으로 신라를 대표하는 최고의 불교 건축물이자 명소로 자리매김하게 될 것"이라며 자신감을 내비쳤다.

신라 왕실에서 제공한 자료에 따르면, 불국사는 돌로 만든 기단 위에 세워졌으며 기단 위는 부처의 세계를, 기단 아래는 현실 세계를 상징한다. 두 세계를 이어 주는 백운교와 청운교의 계단은 부처님의 세계로 들어가기 위한 33가지 단계를 의미한다.

불국사에서 가장 눈여겨볼 것은 대웅전 앞마당에 있는 석가탑과 다보탑이라 불리는 한 쌍의 탑이다. 소박하고 단정한 멋이 있는 석가탑은 현재의 부처인 '석가모니'를 나타낸다. 화려하고 섬세한 멋을 자랑하는 다보탑은 과거의 부처인 '다보여래'를 의미한다. 불국사 건축에 자문 역할을 한 것으로 알려진 한 승려는 "**석가모니가 사람들에게 *불법을 전할 때마다 다보여래가 나타나 그 말이 진리임을 증명했다는 불교 경전의 내용을 표현한 것**"이라고 말했다. 이어 "**이 한 쌍의 탑은 신라 불교 사상과 예술의 결정체라고 할 수 있다.**"라고 설명했다.

신라인의 걸작, 석굴암 공개

이번에 함께 공개된 석굴암 역시 큰 관심을 받고 있다. 석불사라고도 불리는 석굴암은 토함산 중턱에 조성된 인공 석굴 사원이다. 화강암을 다듬어 하나하나 쌓아 올려 석굴을 만들고, 그 안에는 석가여래 부처님을 모셨다. 석굴의 벽면에는 보살상과 천왕상 같은 다양한 조각이 새겨져 있다.

무엇보다도 석굴암은 그 구조가 매우 과학적이라는 점에서 사람들의 이목을 끌고 있다. 수많은 돌을 정밀하게 짜맞추어 둥근 천장을 만든 것은 매우 어려운 기술이기에 보는 사람마다 감탄을 금치 못하고 있다. 공기가 석굴 안을 자연스럽게 흐르도록 설계되어 습기가 차지 않게 했다는 점 또한 놀라움을 더한다.

석굴암을 직접 본 스님들은 "신라에서 한 번도 본 적 없는 놀라운 모습의 사원"이라며 그 지혜와 솜씨에 찬사를 보내고 있다. 석굴암은 신라인들의 깊은 신앙심과 뛰어난 기술로 탄생한 걸작으로 평가받고 있다.

***불법** 부처가 말한 교법.

제17호 통일 신라

신라의 번영 평화에서 시작되다

밤하늘의 별만큼 많은 절, 기러기가 줄지어 있는 듯한 탑

"평화는 풍요와 안정을 가져다준다"

우리 고대 역사에서 고구려와 백제는 두 차례나 천도를 단행했습니다. 그에 반해 신라는 단 한 차례도 수도를 옮기지 않았습니다. 경주는 기원전 57년부터 935년까지 약 1,000년간 신라의 수도였지요. 이렇게 오랜 세월 수도 역할을 수행한 도시는 세계적으로도 드물어요. 경주는 고대 로마와 비교될 정도로 *독보적인 역사를 자랑합니다.

신라의 수도 경주는 오랜 역사만큼이나 규모도 상당했어요. 특히 삼국 통일 이후 신라는 한동안 매우 평화롭고 안정적인 시기를 보냈어요. 이는 국가와 수도의 번영으로 이어졌지요. 통일 이후 신라는 중국과 일본뿐만 아니라 *서역과도 활발히 교류했어요. 그 덕분에 경주는 국제 도시로 성장할 수 있었습니다. 『삼국유사』에는 신라 전성기 인구에 대해 다음과 같이 기록되어 있어요.

독보적
남이 감히 따를 수 없을 정도로 뛰어남.

서역
중국의 서쪽에 있던 여러 나라를 이르는 말.

> 신라의 전성기 수도 호수가 178,936호에 1,360방이요, 주위가 55리였다. 서른다섯 개 금입택(金入宅)이 있었다.

큰별 칼럼

　여기서 '호'는 가구 수, '방'은 면적, '리'는 거리를 뜻합니다. 금입택은 '금을 입힌 집'이라는 뜻이에요. 그러니까 귀족들의 대저택을 말하지요. 여기서 우리가 주목해야 할 부분은 가구 수를 의미하는 '호'입니다. 그러니까 신라가 가장 번성했을 시기, 즉 8세기 경주에는 17만 가구가 살았다는 말이 됩니다. 한 가구당 적게 잡아서 5~6명 정도라고 가정해 본다면 당시 경주 인구는 무려 90만~100만 명에 달했을 것으로 추정할 수 있습니다.

　신라의 불교 역시 이 무렵에 전성기를 맞이했어요. 불국사와 석굴암 같은 신라 불교 예술의 최고 *걸작들을 만든 것도 바로 이 시기였지요. 일연은 『삼국유사』에 신라의 수도 경주를 이렇게 묘사했습니다.

> 사사성장 탑탑안행(寺寺星張 塔塔雁行)
> 절은 밤하늘의 별만큼 많고, 탑은 기러기가 줄지어 있는 듯하다.

걸작
예술이나 창작물 중에서 특별히 잘 만든 뛰어난 작품.

| 제17호 | 통일 신라 |

잠시 눈을 감고 그 풍경을 한번 떠올려 볼까요? 경주 구석구석에 별처럼 박혀 있는 수많은 사찰과 나지막한 건물들 사이에서 저마다의 매력을 뽐내며 솟아 있는 탑들. 지금은 절들의 흔적만 남아 있고 석탑도 몇 기만 만나 볼 수 있지만, 모든 것이 온전한 모습으로 존재하던 그 무렵의 경주는 정말 웅장하고 아름다웠을 것 같습니다.

생존이 더 중요한 시대에는 문화가 발전하기 어렵습니다. 반면 평화는 풍요와 안정을 가져다주지요. 천년 *고도 경주에 사찰과 탑이 밤하늘의 별이나 기러기 떼만큼 많았던 것도, 그 번성한 도시 안에서 100만 명에 가까운 사람들이 살 수 있었던 것도 그 시절이 그만큼 평화로웠기 때문이었어요. 이처럼 평화는 우리 삶을 풍요롭게 발전시키는 힘이 됩니다. 신라의 수도 경주의 역사를 되돌아보며, 진정한 번영은 무력을 통한 정복 활동에서 오는 것이 아니라 평화와 안정을 통해 만들어진다는 사실을 기억해야겠습니다.

고도
옛 도읍.

큰별쌤 최태성의 한국사신문

통일 신라

제 **18** 호

신라 천년 역사가 저물다

◆ 혜공왕, 왕권 다툼 과정에서 피살   ◆ 장보고, 청해진 설치

1. 혜공왕 피살, 신라 왕권 위기
2. 〈큰별 인터뷰〉 긴급 진단! 신라, 이대로 괜찮은가?
3. 평민 출신 장보고, 해상왕 등극
4. 〈큰별 칼럼〉 신라 천년 역사를 통해 배우는 겸손의 가치

제18호   통일 신라

혜공왕 피살 신라 왕권 위기

혜공왕과 왕비 피살

80년, 이찬 김지정 등이 주도한 반란 세력에 의해 신라의 혜공왕과 왕비가 *피살되었다는 소식이 전해진다. 이 사건은 왕실뿐 아니라 신라 사회 전반에 큰 충격을 주고 있다. 이찬 김지정은 혜공왕이 즉위한 이후 나라의 기강이 무너지고 민심도 등을 돌렸다는 이유를 내세워 반란을 일으킨 것으로 알려졌다. 하지만 반란은 곧 상대등 김양상과 이찬 김경신에 의해 진압되었다. 김양상은 반란을 진압한 이후 살해된 혜공왕을 대

큰별 기사

신해 스스로 왕의 자리에 올랐다.

지난 765년, 혜공왕은 아버지 경덕왕이 사망하자, 겨우 8세의 어린 나이로 왕위에 올랐다. 그러나 즉위 직후부터 혜공왕은 끊임없이 귀족 세력의 반란에 시달려야 했다. 즉위 4년째인 769년에는 일갈찬 대공이 반란을 일으켜, 왕궁을 33일 동안 포위하는 사태까지 벌어졌다. 반란은 수도에 머무르지 않고 신라 곳곳으로 번지며 전국적인 규모로 확산되었다. 3개월에 걸친 반란은 결국 왕실 군대에 의해 진압되었지만, 이후에도 귀족들의 반란은 끊이지 않았다. 계속된 정치적 혼란 속에서 결국 혜공왕은 피살되는 비극적인 최후를 맞이하게 된 것이다.

왕에서 귀족으로 권력 이동 현상 '뚜렷'

신라의 한 정치 전문가는 "경덕왕 말기부터 신라 권력의 무게 중심이 점차 귀족 쪽으로 기울고 있었다."라고 말했다. 그는 "**혜공왕에 이르러 왕권의 기반이 눈에 띄게 약해지자, 그동안 숨죽이고 있던 귀족들이 권력 쟁탈전에 본격적으로 뛰어들기 시작했다. 그러니 지금의 상황에 이른 것 아니겠냐.**"라며 현재 신라의 정치 상황을 분석했다.

한편, 진골 출신인 김춘추가 왕의 자리에 올라 무열왕이 된 이후 약 130년 동안 신라의 왕위는 무열왕의 후손들이 이어받았다. 하지만 혜공왕이 죽고 내물왕의 후손인 김양상이 선덕왕으로 즉위하면서, 무열왕계의 왕위 계승은 혜공왕을 마지막으로 막을 내리게 되었다. 이는 신라 내부의 권력 구조에 큰 변화를 가져올 것으로 보인다.

한 진골 귀족은 "겉으로는 드러내지 않지만, 많은 귀족이 속으로 '이제 나도 왕이 될 수 있다'는 생각을 품고 있을 것이다."라고 밝혔다. 정치 전문가들은 당분간 신라의 정치적 혼란이 계속될 것으로 전망하고 있다.

***피살되다** 죽임을 당하다.

| 제18호 | 통일 신라 |

긴급 진단!
신라, 이대로 괜찮은가?

신라 사회가 크게 흔들리고 있습니다. 혜공왕 이후 귀족들의 반란은 끊이지 않았고, 이제는 지방 세력과 농민들까지 들고일어나는 상황입니다. 오늘은 호족, 6두품, 농민 대표를 모시고 이러한 혼란의 원인이 무엇인지 이야기 나눠 보겠습니다.

큰 별

먼저 호족 대표께 여쭤보겠습니다. 신라 말에 새롭게 지방에서 세력을 키우셨는데 어떻게 된 거죠?

호족 대표

신라 말, 왕권이 추락하면서 중앙 정부가 지방까지 관리할 여력이 없었죠. 그 틈을 타 우리 같은 호족들이 자연스럽게 세력을 키우게 된 것입니다. 수탈만 일삼는 귀족을 피해 우리에게 기대는 것이 낫다고 여겼고 따르

큰별 인터뷰

는 농민들도 점점 많아졌습니다. 지방에서 자리만 잘 잡으면 왕 부럽지 않은 권력을 누릴 수 있지요.

그렇다면 신라 사회의 혼란, 원인이 무엇이라고 보십니까?

가장 큰 문제는 골품제입니다. 소수의 진골 귀족에게 권력이 집중되면서 왕권은 점차 약해졌고, 이때다 하며 귀족들이 너도나도 왕이 되겠다며 반란을 일으켰기 때문이죠.

6두품 대표로서 이 사태를 어떻게 생각하십니까?

저도 골품제가 사회 혼란의 근본 원인이라고 생각합니다. 많은 6두품이 출신 성분 때문에 능력이 있어도 관직에 오르기 어려워지자 자신의 뜻을 펼치기 위해 당나라로 떠났습니다. 최치원이 대표적이죠. 그는 당에서 능력을 인정받아 이름을 크게 떨쳤지만, 신라로 돌아온 뒤에는 진골 귀족들의 견제로 진성여왕에게 올린 개혁안조차 채택되지 못했습니다. 이렇게 인재들이 등을 돌리는 나라에 무슨 미래가 있겠습니까?

농민 대표께서는 어떻게 보고 계신가요?

골품제든 뭐든, 저희 같은 사람들과는 상관없는 일입니다. 해마다 흉년이 들고 전염병이 돌아 굶어 죽는 사람이 늘고 있는데, 귀족들은 사치를 누리고 정부는 세금만 독촉합니다. 결국 '이래 죽으나 저래 죽으나 마찬가지'라는 심정으로 원종과 애노의 난 같은 농민 봉기가 일어나는 것 아니겠습니까!

오늘의 대담을 통해 폐쇄적인 신분 제도인 골품제가 신라 사회에 얼마나 큰 문제를 가져다 주었는지 알게 되었네요. 근본적인 개혁 없이는 이 혼란의 시대를 끝낼 수 없을 것 같습니다. 여기까지 큰별 기자였습니다.

| 제18호 | 통일 신라 |

평민 출신 장보고
해상왕 등극

'흙수저' 출신 장보고, 신라 영웅 돼

청해진을 설치해 해적들을 소탕하고 국제무역으로 막대한 부를 축적한 장보고가 신라의 해상 영웅으로 크게 주목받고 있다. 특히 신라 사람들은 바닥에서 시작해 엄청난 성공을 거둔 장보고의 성공 스토리에 열광하고 있다.

장보고는 바닷가의 가난한 평민 집안에서 태어났다. 하지만 골품제라는 엄격한 신분 제도에 막혀, 아무리 능력이 뛰어나도 신라에서는 자신의 재능을 펼칠 기회를 얻기 어려웠다. 결국 그는 20대 초반, 새로운 기회를 찾기 위해 당으로 건너가게 된다.

어려서부터 말을 잘 타고, 활과 창을 다루는 데 능했던 장보고는 당에서 반란군을 토벌하는 군대에 합류하게 되었다. 그곳에서 그는 탁월한 무예와 지휘 능력을 인정받으며 빠르게 두각을 나타냈다.

장보고와 함께 당으로 건너가 군 생활을 함께 했던 정년은 장보고에 대해 이렇게 전했다. "당에서 생활하면서 장보고와 저는 신라인들이 해적에게 붙잡혀 노예로 팔려가는 모습을 수없이 봤습니다. 장보고는 그 현실에 큰 충격을 받았고 분노했죠. 이런 상황을 더는 두고 볼 수 없다고 생각한 그는, 언젠가 신라로 돌아가 직접 해적을 소탕하겠다고 굳게 다짐했습니다."

청해진 설치 후 바닷길 장악, '해상왕'으로 불려

장보고는 당에서 무령군 소장까지 초고속으로 승진하며 승승장구했다. 그러다가 828년에 갑작스럽게 신라로 돌아왔다. 그는 흥덕왕을 찾아가 '남해 해상 교통의 요충지인 완도에 군사 기지를 설치해 해적을 소탕하고 싶다'는 뜻을 전달한 것으로 알려졌다. 왕의 허락을 받은 장보고는 그길로 군사 1만 명을 모집했다. 그리고 완도에 군사 기지인 청해진을 설치하고 본격적으로 해적 소탕에 나섰다.

청해진을 설치한 장보고는 신라 사람들을 괴롭히던 해적들을 빠르게 소탕해, 상인들이 바닷길을 안전하게 다닐 수 있게 했다. 장보고는 짧은 시간 안에 남해 바다의 주도권을 장악했다. 바닷길이 안전해지자 나라와 나라 사이에 물건을 사고파는 무역이 활발해졌다. 장보고는 이 기회를 이용해 신라와 당, 일본을 연결하는 중계 무역에 뛰어들어 막대한 부를 쌓은 것으로 알려졌다.

신라의 한 정치 전문가는 "막대한 경제력과 군사력을 보유하게 된 장보고가 신라를 대표하는 지방 호족으로 급부상했다. 신분 제도에 가로막혀 좌절하고 있던 신라 백성들의 롤모델이 되기에 충분하다."라고 평가했다.

제18호　통일 신라

신라 천년 역사를 통해 배우는 겸손의 가치

역사의 쓸모란?

"역사가 가르쳐 주는 교훈을
나의 삶과 연결 지어 실천하는 것"

신라는 기원전 57년, 박혁거세가 나라를 세운 뒤 무려 1,000년 가까이 이어진 왕조입니다. 세계 역사에서도 이렇게 오랜 시간 유지된 왕조는 매우 드뭅니다. 수많은 전쟁, 반란, 내분 속에서도 그 오랜 시간을 무너지지 않고 버텨 낸 것만으로도 신라는 우리가 자랑스러워해야 할 역사입니다.

그뿐 아니라 신라는 삼국 통일을 이루면서 고구려와 백제의 문화를 하나로 *융합했습니다. 이 과정을 거치며 우리 민족 문화의 기반이 다져졌고, 그 위에서 신라는 문화적으로도 큰 발전을 이루었습니다. 불국사와 석굴암 같은 뛰어난 문화유산을 보면, 당시 신라가 얼마나 수준 높은 문화를 가지고 있었는지 분명히 알 수 있습니다.

하지만 이 위대한 역사도 마지막에는 아쉬움이 남습니다. 외세의 침략으로 무너진 것이 아니라, 내부에서부터 무너져 내렸기 때문입니다. 귀족들의 권력 다툼이 끊이지 않았고, 왕권은 점점 약해졌으며, 나라에 대한 백성의 신뢰마저 무너지면서 왕조를 지탱하던 힘은 하나둘씩 사라져 갔습니다. 결국 신라의 마지막 왕인 경순왕은 더는 나라를 이끌 수 없다고 판단하고, 스스로 고려에 나라를 넘겼습니다. 그렇게 신라의 천 년 역사는 허무하게 막을 내리고 말았습니다.

융합하다
둘 이상의 다른 것이 하나로 잘 섞여서 새로운 것이 되다.

큰별 칼럼

이러한 신라의 역사는, 아무리 찬란한 전성기를 누렸다 하더라도 마지막을 제대로 마무리하지 못하면 모든 영광이 빛을 잃을 수 있다는 사실을 보여 줍니다. 이는 신라만의 이야기가 아닙니다. 수많은 왕조와 나라의 *말로에서 볼 수 있는 공통된 모습이기도 하지요. 신라는 고구려와 백제에 비해 발전 속도는 느렸지만, 결국 삼국을 통일하며 경쟁에서 승리했습니다. 그러나 이후 내부의 균열을 막지 못하고 멸망하고 말았죠. 이러한 신라의 마지막을 통해 '영원한 것은 없다'는 역사적 진리를 다시금 깨닫게 됩니다.

말로
어떤 사람이나 일이 끝날 때의 마지막 결과.

신라의 역사를 보며 우리가 꼭 되새겨야 할 교훈이 있습니다. 바로 지금 누리고 있는 성공이나 자리가 결코 영원하지 않다는 사실입니다. 사회든 개인이든, 현재의 좋은 상황이 계속될 것이라고 안심하는 순간 위기는 생각보다 쉽게 찾아올 수 있습니다. 그래서 우리는 잘나갈수록, 높이 올라갈수록 더 자신을 돌아볼 줄 알아야 합니다.

신라의 역사를 돌아보며 단순히 과거를 배우는 데 그치지 않고, '나는 앞으로 어떻게 살아 갈 것인가'를 고민해 보는 기회가 되었으면 합니다. 아무리 길고 찬란한 역사도 결국은 끝이 있습니다. 그러니 지금 내가 있는 자리에서 더욱 겸손한 마음으로 하루하루를 살아가야 합니다. 그래야 언젠가 내려와야 할 때, 아름답게 마무리할 수 있습니다.

역사에서 얻은 교훈을 단지 지식으로만 간직하지 않았으면 좋겠습니다. 역사가 가르쳐 준 것을 내 삶과 연결 지어 행동으로 옮기는 것, 그것이 바로 '역사의 쓸모'이니까요.

큰별쌤 최태성의 한국사신문 — 발해

제 19 호
발해! 해동성국을 이루다

◆ 대조영, 발해 건국 ◆ 무왕, 당의 등주 공격 ◆ 문왕 3성 6부 정비 ◆ 해동성국

1. 고구려의 후예 대조영, 발해 건국!
2. 〈큰별 인터뷰〉 발해 지배층이 밝히는 발해의 뿌리
3. 발해, 동북아시아 강국으로 우뚝!
4. 〈큰별 칼럼〉 발해 멸망의 진짜 이유

제19호 발해

고구려의 후예 대조영
발해 건국!

대조영 "발해는 고구려를 계승한 나라"

698년, 고구려 장수 출신인 대조영이 동모산을 도읍으로 정하고 발해를 건국했다. 대조영은 건국을 알리는 긴급 기자회견에서 "발해는 고구려의 정신을 계승한 나라"라고 당당하게 밝혔다. 그는 "앞으로 나라의 기틀을 세우고 발해를 강한 나라로 만들기 위한 작업을 하나하나 해 나갈 것"이라고 덧붙였다.

지난 668년, 당은 신라와 연합해 고구려를 멸망시킨 후 고구려 유민들의 저항과 반

큰별 기사

발을 억누르기 위해 고구려인들을 당으로 강제 이주시켰다. 당시 고구려 유민들이 곳곳에서 '고구려 부흥 운동'을 일으키는 등 강한 독립 의지를 드러내자 당은 이를 꺾기 위해 고구려 유민들을 당으로 이주시킨 것이다. 발해를 건국한 대조영 역시 이때 당의 영주 지역으로 끌려간 고구려 지배층이었다.

당시 영주 지역에는 고구려 유민뿐만 아니라 말갈족과 거란족 등 여러 민족이 강제로 끌려와 뒤섞여 살고 있었다. 이들은 당 관리의 횡포와 가혹한 수탈에 시달리며 매우 비참한 생활을 이어 온 것으로 알려졌다. 결국 참다못한 거란족의 이진충은 군사를 모아 반란을 일으켰고, 영주는 큰 혼란에 빠졌다.

대조영과 그의 아버지 걸걸중상은 당의 감시가 소홀한 틈을 이용해 영주로 끌려온 고구려 유민들과 말갈족을 이끌고 영주를 탈출했다. 이 과정에서 말갈족 장수 걸사비우도 도운 것으로 알려졌다.

남쪽의 신라와 더불어 '남북국 시대' 열어

당 군대의 *맹렬한 추격이 있었지만 대조영은 천문령 전투에서 이들을 물리쳤다. 이후 대조영은 그를 따르는 무리와 함께 고구려의 옛 땅이었던 동모산으로 이동하여 성을 쌓고 정착했다. 이 소식이 알려지면서 옛 고구려 땅에 흩어져 있던 유민들이 이곳으로 모여든 것으로 전해졌다.

대조영은 고구려 유민과 말갈인들을 모아 발해를 건국했다. 고구려가 멸망한 지 30여 년 만에 고구려를 계승한 나라를 세우는 데 성공한 것이다.

발해가 건국됨으로써 대동강 북쪽에는 발해, 남쪽에는 신라가 자리 잡은 '남북국 시대'가 본격적으로 열리게 되었다.

*맹렬하다 기세가 몹시 사납고 세차다.

제19호 발해

발해 지배층이 밝히는 발해의 뿌리

발해는 고구려를 계승한 나라입니다. 그러나 일부 중국의 학자들은 발해가 말갈족의 나라였으며, 중국 고대 소수민족이 세운 지방 정권에 불과하다고 주장하기도 합니다. 그렇다면 실제로 발해 사람들은 자신들의 뿌리가 어디라고 생각했을까요? 오늘은 발해 지배층 인물을 모시고 의견을 들어 보겠습니다.

발해가 말갈족의 나라라니! 무슨 해괴망측한 소리인가?!

큰별

자, 단도직입적으로 묻겠습니다. 발해는 고구려를 계승한 나라가 맞습니까?

지배층

당연하지요. 우선, 발해를 세운 대조영께서는 고구려 장군 출신으로 알려져 있습니다. 그는 고구려의 계승 의식을 내세우며 옛 고구려 땅에 자리를 잡고 세력을 키워 나갔지요. 더 나아가 발해의 3대 왕인 문왕께서는 일

큰별 인터뷰

본에 보낸 외교 문서에서 자신을 '고구려의 국왕'이라고 밝히기도 했습니다. 이 정도면 발해가 고구려를 계승했다는 의식을 분명히 갖고 있다는 충분한 근거가 되지 않겠습니까?

그런데 일부 중국 학자가 발해를 말갈족의 나라이며 중국 고대 소수민족이 세운 지방 정권이라고 주장했습니다.

허허, 그건 좀 억지 주장 같습니다. 발해의 민족 구성을 보면 말갈족이 고구려인보다 더 많았던 건 사실입니다. 하지만 발해를 실질적으로 운영하고 이끌어 간 지배층은 대부분 고구려인이었지요. 또 문화적인 측면에서도 발해는 고구려의 문화와 생활 방식을 그대로 이어받은 부분이 많아요. 예를 들어, 발해의 난방 방식은 고구려와 마찬가지로 '온돌'입니다. 이는 발해가 고구려 문화권에 속해 있었다는 분명한 증거라고 생각합니다.

그렇죠! 사실 일상에 자연스럽게 녹아든 삶의 방식은 쉽게 바뀌는 게 아니지요.

맞습니다. 발해의 문화유산을 살펴봐도 고구려와 비슷한 점이 참으로 많지요. 기와의 무늬라든가 지붕 꼭대기에 올려놓는 장식물인 치미, 두 명의 부처가 나란히 앉아 있는 모습의 불상, 석등이나 돌사자상 등을 보세요. 이 모든 것에서 발해가 고구려 문화의 영향을 강하게 받았음을 확인할 수 있지요. 이런 걸 하나하나 말하자면 입이 아플 정도라니까요? 아무튼 우리 발해의 지배층이 발해가 고구려를 계승했다는 의식을 갖고 있었던 건 틀림없는 사실이지요!

여러 근거를 바탕으로 발해가 고구려를 계승했다는 의식을 지니고 있었다는 사실을 알 수 있었습니다. 여기까지 큰별 기자였습니다.

발해, 동북아시아 강국으로 우뚝!

당으로부터 해동성국이라 불려

발해가 '**해동성국**'이라 불리며 동북아시아의 강국으로 떠오르고 있다. 해동성국은 '**바다 동쪽의 번성한 나라**'라는 의미이다. 발해가 적극적으로 영토를 확장하며 크게 세력을 키우자, 당은 발해를 해동성국이라 부르며 발해의 번영을 높이 평가한 것이다.

발해의 왕실 관계자는 "현재 발해는 고구려의 전성기 때보다 더 넓은 영토를 차지하고 있다."라고 말했다. 그리고 "발해가 해동성국이라 불리는 건 그만큼 우리의 위상이 높아졌다는 걸 의미한다."라고 밝혔다. 그는 "이런 평가와 상관없이 우리는 지금까지 해 온 것처럼 우리의 길을 걸어가겠다."라고 덧붙였다.

발해 선왕은 광범위한 영토 확장과 함께 대대적인 행정 개편을 단행하며 발해의 전성기를 열었다는 평가를 받고 있다. 선왕은 즉위 이후 북쪽으로는 흑수말갈 지역까지 영향력을 넓히고, 남쪽으로는 신라와 국경을 접하게 되었다. 또 서쪽으로는 요동 지역을 장악하여 고구려의 옛 땅을 대부분 회복하는 성과를 이뤄 냈다. 선왕은 넓어진 영토를 보다 효과적으로 다스리기 위해 지방 행정 체제를 '5경 15부 62주'로 정비하기도 했다.

무왕과 문왕이 있었기에 선왕 때 전성기 맞아

오늘날 발해의 눈부신 번영은 선왕 한 사람의 노력만으로 이룬 것은 아니다. 무왕과 문왕 시기에 이미 그 기틀이 튼튼히 다져져 있었다.

무왕은 이름 그대로 강한 무력을 바탕으로 강한 발해를 만들기 위해 힘썼다. 당이 발해 동북쪽의 흑수말갈과 손을 잡고 압박해 오자, 무왕은 돌궐·일본 등과 친선 관계를 맺고 이를 견제했다. 또 장문휴를 보내 당의 산둥 지역 등주를 먼저 공격하는 등 대담한 외교 전략을 펼치기도 했다. 발해 왕실 관계자는 "무왕의 통치는 발해의 존재감을 널리 알리고 국가의 위상을 크게 높이는 데 기여했다."라고 밝혔다.

뒤를 이은 문왕은 통치 체제를 정비하며 나라를 안정시키는 데 집중했다. 그는 당과 우호 관계를 맺고 제도와 문물을 적극적으로 받아들여 내실을 다졌다. 특히 중앙 통치 체제를 당의 '3성 6부' 체제에 맞춰 정비했으며, 당의 장안성을 본떠 새로운 수도인 상경성을 계획도시로 조성하기도 했다.

이에 대해 왕실 관계자는 "무왕과 문왕이 국가의 기틀을 다졌고, 선왕은 그 기반 위에서 발해를 더욱 발전시켜 지금의 전성기를 열 수 있었다."라고 평가했다.

제19호　발해

발해 멸망의 진짜 이유

기록되지 않는 것은 기억되지 않는다

"발해 역사를 아는 것, 우리 민족의 자긍심 높이는 일"

우리 역사에서 영토가 가장 넓었던 나라는 발해였습니다. 전성기인 선왕 때 발해의 영토는 사방 5,000리에 달했다고 전해집니다. 학자들은 발해의 최대 영토가 한반도 전체 면적의 2.2~2.8배에 해당했던 것으로 추정하고 있어요.

발해는 당시 당으로부터 '해동성국', 즉 '바다 동쪽의 번성한 나라'라고 불릴 정도로 강성한 국가였어요. 발해는 당 중심의 국제 질서에 편입되어 있었지만 건국 초기부터 독자적인 연호를 사용하고 왕을 황제로 칭하는 등 대외적으로 자주성을 *표방했습니다. 이런 면에서 발해가 스스로에 대한 자부심을 가지고 있었음을 짐작할 수 있지요.

그런데 이처럼 강성했던 발해는 너무나 허망하게 멸망하게 됩니다. **발해는 거란의 공격을 받아 멸망했어요. 거란의 기록인 『요사』에 따르면, 925년 12월 거란이 발해를 대대적으로 공격했고, 이듬해 1월 발해가 멸망했다고 합니다.** 발해는 거란의 침입을 받은 지 한 달도 채 되지 않아 멸망한 거예요. 거란의 군사력이 아무리 막강하다고 해도 군사를 일으킨 지 불과 20여 일 만에 거대한 나라를 무너뜨린다는 것은 선뜻 납득하기 어려운 일입니다.

이러한 갑작스러운 발해의 멸망을 설명하기 위해 일부 학자는 백두산

표방하다
어떤 생각이나 방향을 따르겠다고 드러내서 말하다.

큰별 칼럼

폭발설을 제기하기도 했습니다. 백두산 화산이 폭발하면 하늘이 회색빛 재로 덮이게 되겠지요. 그 때문에 농사가 어려워질 테고요. 결국 *세금 징수가 원활하지 않아 경제가 붕괴했다는 주장이에요. 그러나 지질학적 연구 결과를 살펴보니, 농업과 국가 경제에 심각한 영향을 줄 정도의 대규모 백두산 폭발은 발해 멸망 이후에 발생했다고 합니다. 백두산 화산 폭발이 발해 멸망의 원인이라고 보기는 어렵게 되었지요.

그렇다면 발해 멸망의 진짜 원인은 무엇일까요? **우선, 발해는 변화하는 국제 정세를 제대로 파악하지 못한 것으로 보입니다.** 10세기 초 중국에서는 당이 멸망하고 거란이 부족을 통일하며 세력을 확장해 나갔습니다. 이러한 상황 속에서 발해는 군사력을 키우거나 거란과 외교를 강화하는 등 거란의 성장에 대비하는 효과적인 전략을 마련하지 못했지요.

세금 징수
나라가 필요한 일을 하려고 국민에게 세금을 거두는 일.

제19호 발해

또 지배층인 고구려계와 피지배층인 말갈계 사이의 갈등으로 나라 안이 분열되었습니다. 이는 외부 침략에 대한 대응력을 크게 약화시켰습니다. 멸망 직전에는 고위 관료들이 고려로 망명하는 등 내부 혼란이 더욱 심화되었습니다.

거란에 *투항한 한족 진만의 묘지명에는 발해 멸망 3년 전부터 거란의 공격이 시작됐다는 기록이 남아 있습니다. 이 기록은 발해와 거란의 전쟁이 단기간이 아니라, 수년에 걸쳐 이어졌음을 보여 줍니다. 거란과의 오랜 전쟁에 더해 외교적 고립과 내부 분열까지 겹치면서 발해는 점차 힘을 잃었지요. 결국 925년 12월, 거란의 대대적인 공격에 멸망하게 되었고요.

발해는 고구려 유민들이 *주축이 되어 건국된 국가입니다. 스스로를 고구려의 후계자로 자처하며 일본에 보낸 외교 문서에도 '고구려의 왕'이라는 표현을 사용했어요. 이를 근거로 우리는 발해가 우리 역사임을 주장하고 있습니다. 하지만 발해 역사에 대한 연구는 아직 충분하지 않은 것이 사실입니다.

"기록되지 않는 것은 기억되지 않는다."라는 말이 있어요. 발해사를 체계적으로 연구하고 기억하는 일은 우리 역사를 올바르게 보존하기 위한 중요한 과제입니다. 발해 역사는 단순히 과거의 이야기가 아니라 오늘날 우리의 정체성과 미래를 고민하는 데도 큰 교훈을 줍니다. 발해를 기억하고 연구하는 일은 우리 민족의 자긍심을 높이는 길이 될 것입니다.

투항하다
적에게 항복하다.

주축
중심이 되어 영향을 미치는 존재나 세력.

사진 출처

국가유산청
82쪽 석촌동 백제 초기 적석총 3호분, 116쪽 낙화암, 152쪽 경주 첨성대

국립경주박물관
17쪽 슴베찌르개

국립공주박물관
94쪽 무령왕릉 널방, 166쪽 가야 판갑옷과 투구

국립중앙박물관
131쪽 동국대지도, 142쪽 서울 북한산 신라 진흥왕 순수비

서울역사박물관
130쪽 신증동국여지승람의 부속 지도인 팔도총도

셔터스톡
58쪽 장군총

연합뉴스
93쪽 무령왕릉

위키피디아
60쪽 무용총 수렵도, 100~101쪽 백제 금동 대향로

전쟁기념관
67쪽 을지문덕 장군 흉상

한국관광공사
85쪽 재현된 백제 사비궁, 186쪽 경주 불국사의 청운교와 백운교

한국학중앙연구원
19쪽 빗살무늬 토기, 55쪽 청동 '광개토 태왕'명 호우, 61쪽 무용총 무용도, 무용총 접객도, 각저총 씨름도, 삼실총 행렬도, 86쪽 무령왕 금제 관식, 무령왕비 금제 관식, 136쪽 이차돈 순교비

* 이 책에 수록된 사진은 박물관과 저작권자의 허가를 받아 사용했습니다.
* 이 책에 수록된 사진 중 출처가 불명확하여 허가를 받지 못한 일부 사진에 대해서는 저작권자가 확인되는 대로 게재 허락을 받고 사용료를 지불하겠습니다.

큰별쌤 최태성의
한국사신문
① 선사~통일 신라와 발해

1판 1쇄 발행 2025년 6월 12일
1판 2쇄 발행 2025년 9월 30일

기획·글 최태성
글 김우람
그림 송진욱
연구 및 검수 별별한국사연구소(곽승연, 이상선, 김혜진, 권혜성)

펴낸이 박기석 **홈런운영본부장** 함근영 **콘텐츠기획실장** 조미현
출판팀장 오성임 **편집** 하명희 **마케팅** 김민지, 김참별
책임편집 박유진 **디자인** 도토리
펴낸곳 아이스크림북스
출판등록 2013년 8월 26일 제2013-000241호
사용연령 8세 이상 **제조연월** 2025년 9월 **제조국** 대한민국

주소 (06771) 서울시 서초구 매헌로 16 하이브랜드빌딩 18층
전화 02-3440-4604
이메일 books@i-screamedu.co.kr
인스타그램 @iscreambooks

ⓒ 최태성, 김우람, 송진욱, 2025

※아이스크림북스는 ㈜아이스크림에듀의 출판 브랜드입니다.
※이 책을 무단 복사·복제·전재하면 저작권법에 저촉됩니다.
※잘못 만들어진 책은 구입하신 곳에서 교환해 드립니다.

ISBN 979-11-6108-771-9(74910)

어린이제품 안전특별법에 의한 품질 표시
KC마크는 이 제품이 공통안전기준에 적합하였음을 의미합니다.